思维经济学

别让惯性欺骗了你

岑嵘 / 著

ZHEJIANG UNIVERSITY PRESS
浙江大学出版社

图书在版编目（CIP）数据

思维经济学：不要让惯性欺骗了你/岑嵘著．—杭州：浙江大学出版社，2021.5

ISBN 978-7-308-21060-7

Ⅰ．①思…　Ⅱ．①岑…　Ⅲ．①经济学—通俗读物　Ⅳ．①F0-49

中国版本图书馆CIP数据核字（2021）第025717号

思维经济学：不要让惯性欺骗了你

岑　嵘　著

责任编辑　卢　川
责任校对　陈　欣
封面设计　卓义云天
出版发行　浙江大学出版社
（杭州市天目山路148号　　邮政编码　310007）
（网址：http://www.zjupress.com）
排　　版　杭州林智广告有限公司
印　　刷　杭州钱江彩色印务有限公司
开　　本　880mm×1230mm　1/32
印　　张　6.375
字　　数　130千
版 印 次　2021年5月第1版　2021年5月第1次印刷
书　　号　ISBN 978-7-308-21060-7
定　　价　59.00元

序

毫不夸张地讲，除了厨房的洗碗池，经济学家已经研究了一切事物。

——哈佛大学原校长，美国经济学家劳伦斯·萨默斯

一

夏日午后，池塘里盛开着荷花，一切如同一幅莫奈的印象画。

一只青蛙伏在荷叶上，静静地看着眼前这个池塘。它在想什么？它也被眼前的美景吸引了吗？

答案有点出乎你的意料，青蛙只能看到视野中移动的物体，静止的物体它是看不到的。青蛙显然没有兴趣凝视静止的池塘并欣赏它的美，只有当视野中出现运动的昆虫或是有天敌来袭时，它才能够看到。

之所以会这样，是因为生物千百万年来的进化，感官系统的这一运作方式大大减少了对生物注意力资源的消耗。

我们人类也同样如此，当我们行驶在高速公路

上，看着单调的前方路面，会感到昏昏欲睡。再比如当你打开一本小说，里面人物没完没了的对话，或者一本经济学书，里面都是复杂的公式和表格，你同样也会感到昏昏欲睡。

疲惫是身体和大脑发出的信号，告诉我们目前正在做的事所消耗的生理成本超过了所取得的回报。大脑就像个精算师，一直默默探索如何分配注意力资源和新陈代谢资源才是最佳的选择，疲惫也是大脑得出的结论之一。

当我们经历某场恋爱，或者从事某项工作时，如果我们疲于奔命，难以应对，我们的大脑就会通过疲惫、分心等信号告诉自己，我们只是在浪费时间，我们应该放手这段恋情，或者换个工作试试。

我们的各种反应并非偶然产生的，心理活动和情绪都是适应环境的产物。当我们描述情感事件时，我们所做的比喻通常和身体有关。比如当我们害怕时会感到“心跳加速”；生气时会感到“胸口发闷”；紧张时会“手脚出汗”；激动时会“热血沸腾”。情感让几十万年前的人类能更快速地做好“战斗或逃跑”的身体准备。

莎士比亚的《奥赛罗》中，奥赛罗陷入了嫉妒之中：“啊，主帅，您要留心嫉妒啊，那是一个绿眼的妖魔，它惯于耍弄爪下的猎物。”嫉妒也是起源于人类的进化过程。我们的祖先热衷争夺更多的战利品，输了的人只能得到较小的部分，甚至这将导致他们的生存危机，而嫉妒又会驱使他们去战斗。

我们就是这些人的后代，这些嫉妒者的后代，只是我们嫉妒的不再是生死攸关的事情，我们的邻居买了最新款的跑车，同事买了市中心的豪宅，这不再会威胁我们的生存，但我们仍然会感到嫉妒。

二

美国经济学家罗伯特·J.巴罗在他的评论集《不再神圣的经济学》里开宗明义地宣布："我认为任何社会行为，包括爱情、犯罪都受经济推理的支配。"经济学家们也试图通过经济学工具来推测人们的心理活动。

美国经济学家迈尔·斯塔特曼发现一个有趣的现象，若是银行、基金公司在地域集中度较高的地区开设分部，这会促使当地居民进行储蓄和投资。他解释说，这并非银行和基金公司普及了金融知识，或者是投资变得更加方便，而是因为被熟人看到常常进出银行、基金公司的话，可以体现自己的地位。

诺贝尔经济学奖获得者加里·贝克尔等人发现了一个奇特现象，一些大城市的咖啡馆常常成为恐怖分子袭击的目标，但是每当在咖啡馆发生炸弹爆炸事件后一段时间，偶尔光顾咖啡馆的普通顾客都逃之夭夭，而那些老主顾却一如既往地前来消费。对待恐怖袭击为何两者态度完全不同？贝克尔解释了两者不同的心理：在勇气上的投资可以看作是一项固定成本，而不是可变成本。对那些热爱咖啡馆的常客来说，克服恐惧是一项值得去做的"投资"，但是对那些偶尔光顾的客人来说就不值得了。

可口可乐公司曾经研发过一种特殊的自动售卖机，这种机器安装了温度传感器和微电路，天气炎热时就会自动提高可乐价格。可口可乐首席执行官说："价格提高一点是天经地义的事，这个机器只不过是把天经地义的事情变得自动化一点而已。"然而经济学家不这么看，美国经济学家丹尼尔·哈莫米斯说：价格歧视是一种重要的垄断行为，是垄断企业通过差别价格来获取超额利润的一种方法，然而对消费者来说，明显的价格歧视是一种不公平且让人愤怒的行为。果然，在如潮恶评中可口可乐公司悄悄取消了这款售卖机。

如果你观察成功的婚姻，通常会发现这些夫妻乐于共同回忆美好的时光。诺贝尔经济学奖获得者罗伯特·希勒解释说：人类的交谈总是以互相讲故事的方式进行。一个人讲故事，会激发另一个人想起相关的故事。人类的记忆和故事相关，在成功的婚姻中，夫妻通常会讲述可以分享的故事，他们围绕一系列共同的记忆讲述故事，并用这些故事来印证他们互相关心对方，在乎婚姻的价值。

三

1969年两位以色列心理学家丹尼尔·卡尼曼和阿莫斯·特沃斯基在希伯来大学相遇，他们同时被对方的头脑所吸引，尽管两人性格迥异，但互为知己。也许他们没有意识到，两人正在开拓一项伟大的事业，把心理学引进经济学，这门学科后来被称为"行为经济学"。

人脑是一部高度易错的机器，不过它是以某种可预测的方式犯错，这取决于它是怎么进化而来的。行为经济学系统地揭示了人类行为和决策中这些错误和怪诞的心理。

假如你想从股市取出一笔资金，那么你是会卖掉赚钱的股票还是亏钱的股票？答案大多是抛售那些已经赚钱的股票，仍然持有那些亏损的股票。卡尼曼和特沃斯基的相关理论解释了这种怪现象。

一个原因是“后悔效应”：人们总是害怕后悔，一旦亏损的股票抛售后上涨，人们会感到极度后悔，而上涨的股票若抛售后继续上涨，后悔感也不会太强烈，因为这只是赚多赚少的区别。

另一个原因是“损失厌恶”理论：这个理论认为，大多数人对损失和获得的敏感程度不对称，面对损失的痛苦感要大大超过面对获得的快乐感。损失两千块钱的痛苦会远远大于赚到两千块钱的愉悦，也正是这个原因使得我们总是倾向于抛售获利的股票。

卡尼曼和特沃斯基还发现了“锚定效应”，人们的决策总是围绕着预先给定的锚定值上下调整，因此锚定值至关重要。奇怪的是，那些营销高手似乎早已是读心术的大师，他们比行为经济学家更早发现这些道理。比如很少会有人以“厂商建议零售价”购入汽车，但是销售商却始终要把这个价格在明显的地方展示出来。

“恒宝”（Hublot）生产了一款白金表，上面密密麻麻镶嵌了322颗黑色钻石，让你看不到一点它的金属底盘，这款表定价100万美元，并且从来没有卖出一只。2016年“维多利亚的秘密”推出了一款内衣，总共由9000颗宝石镶嵌，总重超过450克拉，价值300万美元。商家并不是要卖掉这款内衣，而是让其他内衣看起来很便宜。

这些商家深刻地了解“锚定效应”，比如唐纳德·特朗普，当他还是个地产大亨时，有一回吐露内情说道：“每当我给谁修什么东西的时候，我总是在原价上多加5000万美元或6000万美元。我的手下告诉我说成本是7500万美元，我会告诉维修的人说成本是1.25亿美元，但给我1亿美元我就答应修。基本上，我做的是桩下流事儿，可他们却认为我做得很棒。”

这些套路，如今他似乎又用到了贸易谈判中去了。

四

大数据和计量经济学，意外地为“读心术”提供了更大的可能性。

美国明尼阿波利斯市的一位父亲怒气冲冲地来到一家塔吉特商场，他愤怒地向经理投诉说，他还在上高中的女儿最近受到了塔吉特商场母婴类商品优惠券的“轰炸”。商场经理当场表示抱歉，甚至几天之后他还不忘打个电话再次道歉。

但这一次这位父亲的气不仅全消了，还向经理表示道歉，因为他的女儿的确怀孕了。商场为何比这位父亲更早知道女儿怀孕的消息？塔吉特的“福尔摩斯们”是通过女性消费者将沐浴露换成无香味的、购买维生素等保健品、购买棉球等卫生用品时选择大包装等细节来做出推断的。塔吉特的数据分析专家根据精挑细选的25种商品，构建了一个“怀孕预测得分体系”来评估消费者的怀孕概率，并且相当准确。

eHarmony（美国最大的婚恋交友网站之一）从一个包含大量信息的数据库里查询什么性格的人结为夫妇会真正幸福。eHarmony还建立了一个用于预测偏好的公式，它的回归方程通过使用人们不甚了解的、无法说清的个性和性格特征把最适合的人互相匹配，它超越了个体的意识选择，能够看到人的潜意识、隐藏于内心的活动。也就是说，算法能进入你的潜意识，你以为你喜欢一个苗条的姑娘，算法却早就看穿你在潜意识中其实喜欢丰满一点的姑娘。

电影《绿皮书》讲述了意裔美国人保镖托尼被聘用为黑人钢琴家唐开车。钢琴家将从纽约开始举办他的巡回演奏，而两人之间也展开了一段跨越种族和身份的友谊。这部电影广受好评，并获得了第91届奥斯卡金像奖最佳影片。

那么美国人真的已经把种族歧视抛到脑后了吗？谷歌前数据科学家赛思·斯蒂芬斯-达维多维茨说：当我第一次在谷歌趋势中输入“黑鬼”一词时，我知道这样做很幼稚，鉴于该词有着极端负面的含义，当时我以为相关搜索量肯定很少。然而赛思惊讶地发现，在美国，“黑鬼”一词的搜索量居然和“偏头痛”“经济学家”“湖人队”这类词大致相同。

那么他们搜索“黑鬼”的动机是什么？赛思发现，这些搜索通常是为了查找嘲笑非裔美国人的笑话而搜索的，其他常见的搜索还包括“愚蠢的黑鬼”和“我讨厌黑鬼”等。在奥巴马第一次当选总统时，这类搜索就有过暴涨，在马丁·路德·金的纪念日，“黑鬼笑话”的搜索量会比平时上涨30%。

这类词语的搜索量每年有数百万至多，许多美国白人口口声声“平等”，却在家里做着此类具有种族主义性质的查询，赛思说：“我研究得越多，得到的信息就越令人不安。”

目 录

01 玄机：市场中的经济学 001

纽约州彩票繁荣之谜 003

掷骰子前为什么要吹口气 005

孤注一掷的“万福玛丽球” 008

理财中的遗传基因 011

海盗也要打品牌 013

证券分析师的话为何不可信 016

毒品贩子会使用商标吗 018

“赌徒谬误”是怎么来的 020

一张不可思议的债券 023

股民的灵异第六感 026

金融市场的“故事线” 028

听得见的产权 030

一代人高收入两代人受益 032

为什么有人要做假账 035

02 细节：危机中的经济学 039

食物离产地越远质量越好吗 041

封面女郎为何成为股市高手 043

小提琴手为什么会去采棉花 045

政治家去世和股价的变化 047

残疾人法案为何没能帮到残疾人 049

我们差点吃不到麦乐鸡 051

赌场为什么要使用塑料筹码 054

从冒牌 Pucci 的流行中看见金融危机 056

从步行速度观察城市经济 060

喜剧背后的经济秘密 062

宜家书柜上的世界经济 064

人人都在谈论房价时 066

经济学家和 007 来一番较量 068

03 真相：生活中的经济学 073

数字“凡尔赛” 075

免费的超级大牛排 078

王菲演唱会门票的真正价值 082

老裁缝的古怪脾气 084

拍卖场中我们的内心戏 087

人们为什么会热衷阴谋论 091
“诚实”的谎言 093
花钱给自己或别人哪个更快乐 095
职场上人们为何不愿说真话 098
穷人家的孩子早当家 100
照片的神奇作用 102
让别人看到你的努力 104
来自肠胃的决策 106
为什么我们会阻止别人搭便车 109

04 博弈：人性中的经济学 113

和所罗门王较劲的经济学家 115
苏格拉底死刑疑云 117
辛普森案件中的血迹 119
大富翁和绑匪的谈判 122
相约帝国大厦 125
逼到角落中的人性 127
激励机制怎么不灵了 131
腐败的投名状 133
汽车的安全装置没用吗 135
触电事故背后的真凶 137
没有发出声音的狗 139

怎样从表情判断社会地位 142
菜单里的隐藏信息 145
你还有下次约会机会吗 147
是美好的初恋让我们念念不忘吗 149

05 线索：数据中的经济学 153

“伯乐”的相马术 155
海瑟薇和巴菲特的“绯闻” 158
章鱼保罗的终极秘密 160
宅男拯救世界 163
让我猜猜你是谁 165
用天价请明星拍电影有多傻 168
恐怖袭击为何和地震有关 170
超级碗能预测股市吗 172
机器人的“复仇” 174
谁将获得奥斯卡奖 177
被排挤的“点球成金术” 179
雾霾下的罪恶 182
经济学家发现氢弹秘密 184
惊人的巧合是怎么来的 187

01

玄机：市场中的经济学

纽约州彩票繁荣之谜

2001年纽约市发生了震惊世界的“9·11”恐怖袭击事件，在随后的十多年中，整个纽约州的消费支出普遍下降，然而有个奇怪的现象，就是纽约州的彩票支出每年都在增加，纽约彩票局已成为北美地区最大和经济效益最好的彩票机构，据统计，2015年美国成年人人均彩票支出为270美元，而在纽约州这个数字为505美元。

难道是千百万的纽约州市民的集体不理性，或者还有其他深层次的原因在影响着人们的投资理财活动？

一般而言，大的投资策略分成两种，一种是高风险高回报策略，比如买最热门的股票，要么暴涨要么暴跌；投资高风险的企业，有可能收益百倍也可能血本无归；还有就是买彩票，虽然中奖概率很低，但是中了大奖却能让你一夜暴富。另一种是稳健的投资策略，比如购买国债，虽然每年只有3%左右的收益，但是稳扎稳打收益稳定，安全的投资策略让你到了退休有笔可观的存款。

人们究竟会倾向于哪种投资策略呢？

生物学家提出一个“生活史理论”，该理论解释了生物个体何时开始繁殖后代，如何分配资源抚养后代。根据该理论，不同动物有不同的生命史对策，有的采取慢对策，投入大量的时间和努力进行存续发展，然后再进行繁殖，比如大象，在性成熟后很多年才开始繁殖。还有的则采取快对策，在存续上稍做投资就开始繁殖，比如马达加斯加的马岛猬，出生40天后就能达到性成熟，并马上开动生育机器繁殖后代。

美国亚利桑那大学心理学教授道格拉斯·肯里克认为，人类的行为也同样会采取快与慢的对策。那些采取慢对策的人，他们会量入为出，为将来考虑，延迟享乐，小心翼翼。而采取快对策的人，更具冒险精神，不停追逐成功，同时也容易陷入冲动和危险的生活方式。

所谓快与慢，其实都是为了适应不同的环境，并且随着环境的变化而变化。快对策适应危险且不可预知的环境。例如马岛猬一生都充满危险和不确定性，它们生活在干燥的马达加斯加沙漠，不仅需要不停寻找食物，还要对付各种捕食者，在这种不可预测的环境下，它们就会采取快对策尽快繁殖。

和马岛猬相反，大象庞大的躯体让它几乎没有天敌，并且它们的食物是一定区域内的植物，因此它们便可以采取慢对策慢慢成长不断充实自己，并找到适合的伴侣耐心培养后代。

在“9·11”事件发生后，恐怖袭击为纽约州居民的心理带来了长远的变化，上一秒还是繁荣的世贸大厦，下一秒就成了人间地狱，人们的心中深深地打下了对这个世界不确定性的烙印。于是人们在潜意识中对环境做出了回应，他们把慢对策调整到了快对策，在理财策略上就表现为更加激进，比如热衷风险更大的彩票。

换句话说，纽约州的彩票繁荣也是当地居民心理创伤的阴影。

掷骰子前为什么要吹口气

我们在掷骰子时，通常都会对着骰子吹口气，希望掷到自己想要的点数。那么这种吹骰子的习俗是怎么来的？同样，当我们掷纸飞机的时候也要哈上一口气，这又是什么道理？

从行为经济学来说，这种行为其实是由“控制幻觉”引起的。控制幻觉是指在完全不可控或部分不可控的情况下，个体由于不合理地高估自己对环境或事件结果的控制力而产生的一种判断偏差。

控制幻觉这一概念是由美国心理学家艾伦·兰格率先提出的。她认为，控制幻觉就是个人对自己成功可能性的估计远高于其客观可能性的一种不合理的期望。兰格说，人们在日常生活中经常面对两种情境。第一种是技能情境，在这种情境下个体可以通过练习和努力获得想要的结果，是个体可以控制的；第二种是不可控或随机情境，在此情境下个体的行为与结果之间没有因果关系，是个体无法控制的。

但是这两种区分并不总是被人们意识到，个体在不可控情境中也会相信自己能控制某个事件的结果，因而产生幻觉。也就是说，人们常常将一些随机事件看作含有某种技能成分的非随机事件。

最常见的控制幻觉就是购买彩票。彩票通常分为机选彩票（随机派发）和自选彩票，那些真正的老彩民几乎都采用自选彩票，要么用自己的幸运数字，要么通过各种演算，要么来自各种启示（例如看到的第一辆红色汽车的车牌号码等），那么他们为何会这么做呢？

其真正原因就是老彩民会认为通过这些行为，自己可以对彩票的结果进行控制。这个彩票数字不是随机来的，而是自己经过精心计算的（或者是自己的幸运数字），那么彩民就会认为它比随机数字有着更高的中彩率。

在美国，最早的彩票销售都是像口香糖销售机一样，塞进硬币，出来一张彩票，直到20世纪70年代在新泽西州出现自选式彩票以后，彩票的销售量才节节上升，因为这种自选的方式让购买者感觉拥有了更大的控制权。

再比如商场和超市门口随处可见的"抓娃娃机"，其实就是按照一定的概率设置的博彩机器，抓住娃娃的概率由电路板控制，但是因为抓杆的存在，让娱乐者误以为自己通过抓娃娃的特别技术，可以比别人更容易抓到娃娃。经营者就是运用这种控制幻觉来赚钱的。

最经典的要算老虎机了，本来图案滚动的结果是程序设定的，对赌客来说是不可控的，但是有了拉杆或者按钮，就让赌客在操作中感觉有技能因素的参与，将结果和自己拉拉杆的动作联系起来，由此产生了控制幻觉，使得对老虎机的赌博行为产生了成瘾性。

我们再说说掷骰子吹气到底是怎么回事。人们在掷骰子时希望掷出大的点数就会大力扔，而希望掷出小的点数就会轻轻地扔，事实上掷出多大点数我们并没法控制，在掷骰子之前想着某个数字吹一口气，这些都是控制幻觉的表现，以此对不可控制的事件产生可控幻觉。我们同样不能控制纸飞机能飞多久，但哈上一口气，我们心里就有了更多的控制感。

赌徒常常执着于各种迷信，认为这些迷信可以控制自己在赌场上的运气。梁朝伟曾在《阿飞正传》中饰演一个赌徒要出门去赌场赌博的情景。可是他怎么演导演王家卫都不满意，这让梁朝伟的自尊心很受伤害。虽然这段戏只有一句台词，可梁朝伟足足演了27遍都没有过。思前想后，梁朝伟专门托人找了职业赌徒，仔细了解他们的习惯。一个赌徒说：我出门前喜欢把头发梳理顺，头发顺寓意着打牌也顺。还有一个说：我们这双手的保养很重要，因为在赌场上全靠这双手，所以出门前会先保养一下手。于是梁朝伟就把这些细节都用在了表演上，这次王家卫非常满意，拍了足足3分钟，一次就过了，并且一条没剪全部用上了。

这种行为在体育比赛中也常常会碰到，乔治·格梅尔希是旧金山大学的人类学教授，他研究棒球运动中的迷信行为长达数十年（比如球员相信往新球棒上吐口水，可以保持好运）。他表示，迷信行为在不确定性高的场合更加流行，譬如学生生涯中的一次大考，一次求职面试，或是第一次约会。因此，每晚都有新比赛要决出胜负的体育竞技就自然成为迷信行为的孵化机，运动员其实是在借迷信行为为自己增强信心。

说到底，这些行为其实和扔骰子吹气、对老虎机使劲地拉拉杆的道理是一样的。活动中的不确定性越高，人们越希望能够通过某些方法增加控制权，所以，当你下次扔出骰子时记得吹口气，这样会让你感觉更好。

孤注一掷的“万福玛丽球”

在美式橄榄球中，有个术语叫作“万福玛丽球”（Hail Mary pass），它是指成功率很低的长距离直传，一般用在比赛快结束的时候，在很难成功的情况下四分卫扔出的长传球，被外接手成功接住并达阵。它相当于足球场上的“终场绝杀”，或者篮球场上的“压哨球”。因为这种小概率战术的成功有一种圣人显灵的感觉，所以被冠以“万福玛丽球”这样宗教感十足的名字。

“万福玛丽球”是进攻方做出的赌博性质的尝试，一旦完成就会反败为胜。这个叫法最早出现在20世纪30年代，当时主要被用来描述圣母大学橄榄球队明星“四骑士”中的艾尔玛·雷顿和吉姆·克罗利之间的配合。原本“万福玛丽球”是指各种绝望情况下打成功的战术和表现，但随着时间的推移，这个词变成专门用来描述“在比赛即将结束前，球队进攻位置距离对方端区很远的情况下，打成的长距离低成功率传球进攻”。

人们在做决策时，有时也会抛出这样的“万福玛丽球”。

我们先来看两个选择方案，甲方案肯定赢1000元，乙方案有50%的可能性赢2000元，50%可能性什么也得不到，你会选哪一个？

事实上，大多数人都会选择甲。之所以这么选，是因为人们普遍会有“损失厌恶”。

“损失厌恶”又是怎么形成的呢？这是因为相同事物的边际收益是不同的，假设你在沙漠中行走口很渴，这时你手头有一瓶水，失去这瓶水而由此减少的幸福感（你可能会陷入绝境），会大大超过再得到一瓶水的幸福感（喝下一瓶水后你已经觉得不再渴了）。

下面我们再看一个例子：还是有两个选择方案，甲方案肯定会损失1000元，乙方案有50%的可能性损失2000元，50%的可能性什么都不损失，你会选哪一个？

这个时候，人们大多数会选乙方案，可见人们又会偏好风险。

其实两个问题几乎是完全一样的，为什么人们的答案会不一样呢？

行为经济学家发现，人们对获利和损失的敏感度是不同的，损失的痛苦远远大于获得的快乐。因此在第一个例子中，人们在面对确定收益的时候，都会选择拿了就跑。

然而在第二个例子中，在面对确定损失的时候，人们的“赌性”却很强。

人们在巨大的亏损时，反而往往选择孤注一掷翻本。遇到的危机越大（甚至威胁到生存），人们越会选择冒险。

美国经济学家理查德·泰勒和合作者埃里克·约翰逊共同发表过一篇论文，说明在两种情况下人们不那么厌恶风险，甚至会主动追求风险。第一种是他们赢钱的时候，即“用庄家的钱赌博的时候”；第二种情况是输钱但有机会翻本的时候。

诺贝尔经济学奖得主卡尼曼说，在一天的最后一场赛马中，会有很多人把赌注压在了最不可能获胜的马身上。这是因为一天下来那些输钱的赌徒，会在最后的机会急于翻本。

美国行为经济学家约翰·凯格尔曾做过一项实验：几只鸽子面对几个不同的鸽子洞，洞内所放置的食物量不同，有的鸽子洞始终保持等量的食物，有的则食物量每次均有变化，每个鸽子洞每次的食物量分配均受到严格控制，因而每个洞的平均食物量是相等的。如果一个鸽子洞每次都固定有20克的葵花籽，另一个鸽子洞则半数时间有40克葵花籽，半数时间是空的。

不同于人类通常表现出来的规避风险行为，鸽子倾向于选择食物量不定的鸽子洞。凯格尔认为，人类与鸽子对风险的态度有异或许缘于彼此所处的环境不同，鸽子要保证生存，食物量需要达到最低限度，供给量少于鸽子所需底线的食物对生存并无用处。

事关鸽子的生存，因此鸽子愿意为获得高于所需底线的食物量而甘冒风险。

同样，人类在进化过程中也如此，当生存出现危机时，早期人类只有甘愿冒更大的风险才能存活下来，比如食物短缺时，人类可能选择风险更大的狩猎大型凶猛的动物（要么获得充足的食物，要么死于猛兽之口），而选择诸如采集野果这样折中的办法并不能保证其生存。

在体育比赛中，运动员到了最后一刻，可能投出希望渺茫的远程球，或者离球门几十米外大力射门，这都是孤注一掷的表现。在金融市场，也会有不为人注意到的“万福玛丽球”。比如在股票交易日上午投资者受到损失后，下午就有可能进行更激进的交易；排名靠后的基金在年末为提升名次会冒更大风险；遭受重大损失眼看会被老板踢走的交易员，会追加大量资金，试图弥补先前的损失。

理财中的遗传基因

电视剧《都挺好》中，父亲苏大强喜欢贪小便宜捞偏财，他只看到理财中的高收益而忽略了风险，于是迫不及待地投了6万块钱，很快那家理财公司关门跑路，6万块钱打了水漂，苏大强肉痛得想跳楼。

为了这件事，苏大强没少被儿子苏明成埋怨，然而不久苏明成也被一个股权投资项目的高收益所诱惑，他一心想着赚大钱，盲信了他人，根本听不进作为专业人士的老婆的劝告，最后自己不但30万元的投资化为乌有，还落得离婚的下场。

为何在投资理财这件事情上，苏大强和苏明成这对父子会如此相似？

经济学家们早就注意到，诸如谨慎或者冒险这样的经济行为，在一定程度上是可遗传的，但这种影响只能以间接的方式来衡量。那么遗传基因对金融决策有直接的影响吗？

最好的办法莫过于观察双胞胎。瑞典双胞胎资料登记库是世界上最大的双胞胎数据库，它储存了超过3.7万对双胞胎的信息。与此同时，直到2006年，瑞典仍然要求居民个人上报其完整的财务报告。因为这些完备数据的存在，使得经济学家对双胞胎的投资理财之间的差异产生了兴趣。

三位瑞典金融经济学家，阿米尔·巴尔内亚、亨里克·克龙奎斯特和斯蒂芬·西格尔运用这些数据库，分析同卵双胞胎在金融投资组合上的相对差异（这些双胞胎有着相同的DNA）。他们也对异卵双胞胎做了相同的分析，这些双胞胎之间的血缘关系则和非双胞胎兄弟姐妹之间类似（异卵双胞胎在受孕时存在两个卵子分别和两个精子结合，然后分别发育成两个独立的个体，因此他们之间的DNA相似度和普通的兄弟姐妹之间类似）。

三位经济学家观察了资产中的现金、债券和固定收益资产、直接股权、通过基金持有的间接股权，以及其他诸如权益、可转换公司债券和认股权证之类的金融资产所占的比例。通过对同卵双胞胎和异卵双胞胎的行为比较发现，双胞胎投资行为中约1/3可由基因解释，包括29%的股市参与、32%的股权持有和38%的投资组合波动率。

很多人看到这里一定会提出异议，1/3的投资理财行为和基因相关？这听起来似乎非常荒谬，金融行为怎么可能被写进我们的DNA呢？要知道直到1531年，欧洲才出现世界上第一个交易所——安特卫普交易所，到了1580年意大利才出现世界最早的银行——威尼斯银行，股票、债券、认股权证这些东西都只有几百年的历史，几十万年前就出现的人类，怎么可能有这些基因呢？

其实道理很简单，这用进化术语可以解释为：我们的储蓄行为借助了某些早已在我们身上存在的行为，而这种行为在很早以前的进化环境中就已经产生了。比如那些在食物供给不稳定地区的部落，很有可能把眼下的一部分口粮存储起来，以备饥荒。而没有这种基因的原始人，在饥荒的时候就很难生存下来。这种当时的优势基因，遗传到今天就可能变成一种储蓄偏好。

不过我们更要看到这个研究中的另一面的结论，毕竟，2/3的投资理财行为和基因无关。事实上，几乎所有的行为都同时受到遗传和环境的影响，我们主要的投资行为还是受环境、文化、教育、公共政策和逻辑思考的影响，我们的基因可能引导我们寻求或规避风险，但它只能解释我们部分偏好。而苏家父子不但儿子继承了父亲的基因，而且两人在相同的文化和环境中生活，所以有相似的理财策略就不足为奇了。

海盗也要打品牌

在《加勒比海盗》之类的好莱坞电影中，我们总能够看到一些风趣而有魅力的海盗，但总体而言，他们还是一群凶残的家伙，比如他们会割下俘虏的耳朵并逼迫他吃下去。他们之所以这么做，可能并非因为他们天生残忍，而是出于某种策略。乔治·梅森大学的经济学教授彼得·里森在他的著作《海盗经济学》中就谈到这个问题。

无论你想从事哪一门生意，从事哪一个行业，你都必须培育出某种名声，并且好好维持这种名声。对一家企业来说，建立好名声的方法就是生产出优质的产品，并且依赖人们的口碑将这个消息传出去，这样企业就能拥有良好的正面形象，从而吸引更多的顾客。

现代企业通过打造品牌来培育其声誉，不同的生产商努力打造不同的品牌，这些品牌占据了不同的细分市场，很多企业花钱来打造品牌，最常见的办法就是投放广告，通过广告向公众传递企业和产品的形象。

在某些情况下，人们还会通过一些匪夷所思的办法来培育“品牌”。比如13世纪曾经横扫欧亚大陆的蒙古军队就通过“屠城”来建立起残忍和恐怖的品牌，从而起到不战而胜的目的；二战时期的日本通过“神风”敢死队的自杀性作战来培育其疯狂玩命的品牌，从而阻止盟军登陆，妄图摆脱失败的命运。

彼得·里森认为，那些海盗其实和企业没什么两样，他们虽然不生产商品，但是他们的“企业盈利能力”却依赖其声誉和品牌。海盗之所以培育野蛮和残忍的品牌，是为了防止俘虏们把战利品藏起来，还有些俘虏甚至把整袋金币扔进大海，因此，海盗们必须培育出一个恶毒的名声，以防止那些胆敢违抗他们命令的俘虏把贵重的货物藏起来或者毁掉。而当俘虏按照海盗的要求如实相告时，海盗便会放过他们。

海盗折磨俘虏是一种理性选择，这种残忍所衍生出来的名声往往有助于海盗打造一个带有威胁意味的品牌，因此极度可怕的海盗酷刑为海盗们减少了因俘虏的消极抵抗而带来的成本，从而提升他们的声誉。

海盗用野蛮酷刑折磨俘虏还隐藏着另一个目的，就是威慑政府，使得他们不敢前来镇压。海盗把目标对准了那些企图抓住海上强盗的政府官员，或者是那些官员的下属子民，通过这些策略给政府官员带来压力。某位百慕大群岛的殖民地官员就曾抱怨，岛上居民“害怕处死这两名海盗会令我们的船只一旦不幸落入海盗之手，会面临更为残忍的对待”。

那么海盗们是如何传播他们残忍的“口碑”的呢？显然海盗们不可能在报纸上打整版的广告，他们需要有生还者去向外界转述当不服从他们的要求时将会遭受到怎么样的后果，并且让种种有关他们的残酷无情的故事广为人知，而这正是海盗避免杀死那些合作的俘虏原因之一。

那些幸存者，会把自己所见所闻的那些凶残的事件散播开去，有些人还可能将这些故事告诉报社，而报纸自然也乐于刊登这些恐怖故事来吸引读者，诸如“海盗船长把俘虏的心脏挖出生吃下去”这类耸人听闻的故事会让报纸更好销售，而在不知不觉中免费为海盗的品牌做了宣传。

海盗们的这一套似乎很管用，彼得·里森说：现代合法企业耗费了大量的金钱来聘请品牌专家帮他们设计标志和口号，协助他们设计并实现其希望公众熟知的形象。尽管如此，没有几个人能像海盗那样在没有专家协助的情况下，迅速实现了极高的品牌认知度。

证券分析师的话为何不可信

如果有证券分析师“强烈推荐买入”某只股票，你听从了他的建议买入了该股票，从此这只股票每天“跌跌不休”，你用不着捶胸顿足，这其实再正常不过了，你可能只是没有读懂分析师的字眼。

证券分析师有他们的“专用词典”，当一个分析师在说“强烈推荐买入”时，他的意思可能是“我已经在很卖力推销这只股票了，涨不上去可怨不得我”；当他说“买入”的时候，他的意思可能是“先别碰这只股票”；当他说“持有”时，他很可能在委婉地表示“扔掉这个破玩意，越快越好”。

亨利·布洛吉特早期曾是一名记者，后来从事证券研究。1998年10月他大胆预测亚马逊股价将突破400美元，随后亚马逊股价一路暴涨，他名声大噪，成为华尔街家喻户晓的明星分析师。布洛吉特随后加入了美林证券，由于具有记者的背景，他在散户投资者之间极具影响力，许多投资者对他言听计从。

然而好景不长，2000年年初，在互联网泡沫破灭的前几个月，布洛吉特还在极力推荐互联网和新经济股票。更糟糕的是，2002年，纽约州总检察长艾略特·斯皮策公布了美林证券的一封内部邮件，在这封邮件中，布洛吉特给出了与公开报告相反的分析。当他提到这些他本人强烈推荐的股票时，用的是“垃圾”“什么鸟东西”这类特别难听和辱骂性的字眼。

2003年，布洛吉特因证券欺诈被美国证券交易委员会指控，被终身禁止从事证券行业，美林证券则花了一亿美元才和纽约州及其他几个州和解了事。

证券分析师通常很少建议投资者卖出股票，事实上，券商和上市企业有着千丝万缕的关系，分析师都不希望得罪给出建议涉及的公司。随着投行业务收入成为大型券商重要的利润来源，出现了一种越来越明显的现象：分析师得到报酬，不是因为预测有多准，而是因为他们卖力地吹嘘手头的股票。

哈佛大学和麻省理工学院的两位经济学家迈克尔·森德里特和苏迪尔对分析师跟踪最多的1000家公司的1年期预测进行了大规模研究，他们的研究结论令人惊愕：每年的预测错误率特别一致，分析师平均错误率是31.3%。

加利福尼亚大学的布拉德·巴布尔的研究更让人吃惊，他研究了华尔街分析师"强烈推荐买入"的股票在股市中的表现，他发现这些股票给投资者带来的损失完全称得上是"灾难性的"。分析师强烈推荐买入的股票还没跑赢大盘，每月的回报率比大盘少3%，而他们建议卖出的股票，其表现却每月比大盘高出3.8%。

美国"投资者网站"做的一项研究发现，投资者若采纳华尔街分析师的建议，买入这些券商主承销或共同承销的IPO股票，会损失一半以上的资金。

当然，也有一些"良心分析师"，有位分析师建议投资者卖掉某知名公司的债券，因为他认为这只债券不太可能支付利息，发行债券的公司老板便威胁要以法律手段报复分析师所在的公司，证券公司二话没说让分析师卷铺盖走人。

这家发行债券的公司叫“泰姬玛哈尔赌场”，老板可能你也认识，他的名字叫唐纳德·特朗普，还有，这只债券最后真的违约了。

毒品贩子会使用商标吗

商标是一件产品或服务的标识，代表着这件产品或服务的质量是否可靠，商家在商标上花大价钱宣传，也表明他们打算长期经营，会对质量负责。如果你买到了诸如老于妈、粤利粤、雷碧这样的产品，你会很愤怒，因为这些产品不愿意培育自己的品牌，而是占别人商标的便宜，因此质量可想而知。

那么街头的毒贩会不会对自己产品使用商标呢？

你一定会想，这怎么可能？毒贩如果使用了商标，这个商标的毒品卖得很好，那么竞争对手就会毫不犹豫地盗用这个商标，法律可不会来保护毒贩们的商标知识产权。另外，如果毒贩使用了商标，那么就等于给警方提供了明确的线索，从而一举剿灭毒窝。

迪亚戈·甘贝塔是牛津大学的社会学教授，他擅长运用经济学理论，特别是博弈论和信号理论来研究社会现象。他花了数年时间专门研究黑社会的各种现象，他发现事实和我们想象的不同，很多黑帮在销售毒品时都使用商标。

甘贝塔说，过去30年间，在美国的一些城市里，海洛因通常是用手提袋包装出售的，这些手提袋上有一些标志，比如彩色长条纹。不过大多数情况下，这些标志是由包含名称及徽章的徽记构成。这些名称从威胁（活死人、最终噩梦）到自夸（魔力接触、炸药），或者涉及流行文化和电影（终结者、格拉斯），或模仿一些品牌（奔驰、古驰）。黑帮认为，徽记既是一种向客户担保的方式，又能让他们的声誉通过这些徽记得到更好地传播。

没有人能在大街上辨别出毒品的纯度，所有的毒贩都可以说“我有很好的货”，另外，在同一个市场里，价格通常都差不多，并且交易过程十分迅速，人们可不会在大街上讨价还价，买家只有通过徽记来区别质量。

有徽记的海洛因在美国西部的城市中并没有出现过，而在密西西比河东部的城市中却比比皆是。这是因为在西部城市中，黑帮销售的是“墨西哥的棕色或黑色不可稀释的焦油海洛因”，这种海洛因质量很稳定，并且可以标准化。而密西西比河东部的城市的海洛因质量则参差不齐。因此，质量越不稳定，徽记就越重要，有证据表明，徽记出现的时间也正是海洛因质量开始严重分化的时期。

那么我们回到开头的问题——黑帮是如何保护自己的商标的。之所以没人敢盗用这些商标，是因为模仿者面临一个重大的威慑，他们可能被拥有这个徽记的黑帮威胁、殴打甚至杀死。

另一个问题是，带有徽记的毒品确实可能让警方更容易追查，同样的袋子可能源于同一个生产者，这样警方就可以推算出大概的销售数量和市场份额。不过毒品贩子也是理性经济人，他们会依据收益和风险来做出权衡和选择，一旦他们有了稳定的货源（有固定的品牌和不变的质量），便会吸引更多的顾客，虽然这也承担了更多警方关注的风险。

事实上，由于警方的不断打击，只有几种徽记流通了多年，少数毒品的徽记可以流通两到三个月，而大部分只持续几天就会被替代，想做“百年老店”那只是个梦想。

既然徽记的寿命如此之短，毒贩子为什么还要趋之若鹜地给自己的毒品贴上徽记呢？

在徽记昙花一现的情况下，毒品的这些商标既不可能代表商品的质量，也不能代表销售商的声誉。它的存在只是出于一个策略，在一个徽记盛行的市场中，有商标总比没商标强。顾客宁愿相信一个几乎没有什么可信度的商标，也不太愿意相信一个没有商标的产品，因为徽记至少表示制造商还有树立声誉的愿望。如果一个徽记有较顺口的名字（事实证明，多数毒贩都会为自己的徽记起一个十分响亮的名字），即使是一个不太有名的徽记，也能吸引到撞上门来的顾客。

即便是在黑道市场，经济学规律同样会起作用。

“赌徒谬误”是怎么来的

很多赌徒迷信连续性，认为连续性非常重要，有个名为尼克的著名赌徒就曾训练自己在赌桌旁待上8个小时而无须上洗手间，因为他认为，这样能够在掷骰子时一气呵成，避免失去连续性。

美国作家兼赌博高手克莱门特·麦克奎德曾这样建议：只有一种方法能够获利，就是输的时候少下注，赢的时候多下注，手气差的时候退出。连胜和连败比输赢转化更持久，如果你连胜之后又连败，就尽可能少下注，看看是否还有下一个连胜，如果没有，就趁没有输光前退出吧。

还有一些赌徒会迷信一些特殊的制胜方法，比如有些赌徒建议：在赌场里，记得经常四处看看，多走动，找一张热闹的赌桌坐下，永远不要在冷清的赌桌旁停留，留意因为连续掷出好点数而大喊大叫的人群，还要留意四处散落大量金钱的赌桌，这些都可以成为你的选项，抓住好手气的尾巴，比跟随坏手气从头开始更有利可图。

在行为经济学中，我们把这种认为运气有连续性的思维称为“赌徒谬误”。“赌徒谬误”是日常生活中常见的一种不合逻辑的推理方式，认为随机序列中某件事的发生与之前发生的事有关。即使从统计的观点看来，两件事彼此并不相关，但依然会出现这种现象。

美国作家约翰·欧文的小说《盖普眼中的世界》中，主人公盖普就犯了这样的错误。当一架小飞机撞上一幢房子之后，他立即决定购买这处物业，因为他认为另一架飞机撞上这幢房子的概率已经降到了零。当他的妻子连生了两个女孩后，又要生第三个孩子时，很多人都相信她这次“肯定”会生男孩。

当赌场的轮盘多次转到红色后，大家就会认为接下来应该会转到黑色。其实这种推测毫无根据，因为转盘没有记忆，在每一次转动中，各种颜色出现的概率都是一样的。当你扔骰子连赢，认为风头站在你这一边时，骰子并不知道什么数字能赢，什么数字会输，骰子不知道上一把发生了什么，也不在乎下一把要发生什么，概率是恒定的，而结果也是恒定的。

马恺文是麻省理工的高才生，在20世纪90年代中期，他加入了“麻省理工21点小组”，这个小组转战拉斯维加斯和大西洋赌城，靠着精准的数牌体系，在赌桌上赢取了超过600万美元的巨款，他的这段经历后来被改编成了好莱坞大片《决战21点》风靡全球。

马恺文说，要想在21点的牌桌上保持不败，必须严格遵守一些出牌原则，即便这些原则和直觉相反。马恺文讲过这样一个故事，某个周末，和朋友布赖恩在一家赌场玩21点，在马恺文的指导下，布赖恩大约赢了2000美元，快到11点钟时，他们决定去一家俱乐部和朋友见面。

当他们从牌桌上站起来走向筹码兑换处时，某样东西引起了布赖恩的注意，他跑向了一边的赌桌喊道“1000美元押黑”。原来吸引布赖恩的是一个轮盘赌记分牌，上面有一大片红色数字。马恺文走近后发现，这之前的8个数字都是红色的，这意味着这张轮盘赌桌已近连续开出8次红色。

庄家转动轮盘，小球再一次在红色处停了下来，布赖恩输了

1000美金。“1000美金押黑”，布赖恩再次喊道。“老兄你在干什么”，马恺文喊道。“你没看到发生了什么吗？这里已经连续出现了9次红色，下一次一定是黑色。”布赖恩解释道。

这天晚上，红色一共连续开了13次，布赖恩一共输了5000美金。连续开出13次红色的概率的确很小，但布赖恩所押的不是红色连续出现13次，而是单独一次旋转得到黑色数字，这个概率接近50%（轮盘赌上还有两格绿色）。

“赌徒谬误”认为随机发生的某件事与之前发生的事有关，这其实是日常生活中常见的一种不合逻辑的推理方式，而不仅仅发生在赌场上。

有时我们认为好运气会连续，比如当我们看到篮球运动员三分球得分，便会认为他的下一个三分球更有可能进球（手热效应）。当我们连续遭遇到坏运气时，便会认为离下一次的好运气会更近。教练们通常会这样激励连续失败的球队：每个球队都会经历连胜或连败，我们先经历了困境，这是好事。

一张不可思议的债券

1648年，也就是清顺治五年，中国刚刚经历过天翻地覆的剧变，南明王朝还在做最后的抗争。这一年，遥远的荷兰发生了一件不起眼的小事——一家公司发行了一份债券。

荷兰是一个低地国家，必须面对洪水等自然灾害，因此荷兰的运河、堤坝堪称技术奇迹。发行债券的这家荷兰公司叫作“列克戴克上水坝水务公司”，该公司主要是负责维护位于乌特勒支水坝上方长达21英里（约33公里）的克莱河堤坝。发行的债券每张面值1000荷兰盾，作为回报，债券的持有者将每年获得50荷兰盾的利息。

债券明确说明了这1000荷兰盾被用于何处：在霍斯维奇小镇的河流弯道处设置垛式支架，即从河流转弯处的外侧河岸延伸出的防洪堤，调整了莱克河的流向并且减少了弯道处崩溃的风险，即便是今天，在克莱河同一弯道处，人们仍然可以看到用于替代这个防洪堤的现代工程。

债券内容被手写在羊皮纸上，它的特别之处在于这是一种持续支付收益的永久债券。也就是说，从理论上讲，它必须永远支付利息。

可是永远到底有多远呢？商家承诺终生保修，当你需要他们时对方早就不见踪影了；健身会所宣称客户充值成为VIP就永久免费，当你兴冲冲上门消费时发现店铺早已人去楼空。而列克戴克上水坝水务公司的这张债券却创造了信用的奇迹。

起初，债券的持有者前往公司的财务主管约翰·范·胡根浩克家中，他尽职尽责地支付利息并在文件背面注明，最终债券的背面的空白处被填满，于是一份被称为“塔隆”的纸质文件，经水务公司书记官的公证后被附加在债券的后面，继续记录着接下来的每一笔支付金额。

在其后的三百多年间世界地覆天翻、硝烟四起，先是一战，而后是二战，荷兰与英法共同对德宣战，德国入侵荷兰，仅仅数周荷兰就宣布战败投降，荷兰女王及家人逃往海外，荷兰沦陷。好不容易二战结束，美苏冷战又让世界置于原子弹的威胁之下。

然而和古老而坚固的防洪堤一样，不管这个世界再怎么变化，这张债券却默默地坚守它的信用，利息支付从没停止过。即便在二战最激烈的时候，水务公司也压根没想过要跑路，当时债券的持有人安妮·弗兰克和她的家人躲在阿姆斯特丹的自家小黑屋中，这些款项却仍然通过各种渠道得到支付。

列克戴克上水坝水务公司后来被并入了乌特勒支水务委员会，它所有的责任和义务也被转到了该委员会。每年50荷兰盾的利息，如今被转化成欧元，也就是每年11.34欧元。

2003年的时候，这张古老的债券被拍卖，耶鲁大学买下了它，这张珍贵的债券被专人搭乘飞机带回了美国。出资购买的耶鲁大学贝尼克图书馆遇到一个小麻烦，因为图书馆只接收封存文档，也就是那些不再具有任何实质用途的文档，但这一债券却仍然有效。最后专家想到一个办法，就是债券本身被收藏，而收取利息的“塔隆”文档被分离出来。

从1648年5月15日列克戴克上水坝水务公司发行债券起，到如今已经过去了370多年，信用一直在延续。直到今天耶鲁大学还会定期派人收取每年11.34欧元的利息。

金融史学家威廉·戈兹曼详细记录了这个故事，这张债券也解释了荷兰为何会一度成为世界的金融中心。中国从唐代就有世界领先的金融产品“飞钱”，我们今天也不缺各种金融创新，独独缺少的是列克戴克上水坝水务公司那种对信用和契约的尊重。

股民的灵异第六感

你的某个朋友买了一只股票，当你问他为什么买这只股票时，他也说不出个所以然，只是感觉这只股票很顺眼，那么你一定会认为这个朋友是个股盲，在拿自己的钱开玩笑，然而事实可能未必如此。

德国埃尔福特大学心理学教授蒂尔曼·贝奇曾经做过一个小实验，告诉你20只股票前段时间的走势，你所看到的是类似电视台财经频道节目中，在屏幕底端滚动的股票价格。

这个时候如果有人问你，哪只股票表现最好，滚动的数据肯定让你眼花缭乱不知所措。但是有人换了一个提问方法：这里面哪只股票你最有感觉，这个时候你却有很大概率指出那只表现最好的股票。

这神奇的一幕是如何发生的呢？

我们大脑中有一个区域被称为“眶额叶皮质”（OFC），这个组织位于眼睛正后方，额叶正下方，它的功能是负责将感官层面的情绪整合到决定过程中。当我们在商场看到某件衣服，在某个社交场合看到某个女孩，我们的大脑会告诉自己“这就是我喜欢的那个”。

你以为只是电光石火的一瞬间，其实大脑已经评估了各个选择，这个分析过程是在意识之外进行的，就是你压根自己也意识不到，大脑会将这个评估结果转化成一种积极情绪，我们把这个系统称为“情绪脑”。

我们常常把这种“情绪脑”做出的决定称为“直觉”，大脑远远比我们想象得复杂，每种情绪其实都是对数据的汇总，是我们对那些不能直接获得的信息的本能反应，我们大脑个别部分处理着各种数据，然后将数据转化称为生动形象的情绪信号发送给OFC，OFC检测到这些信号后经过潜意识计算而后采取行动，这就是直觉产生的过程。

人类经过了上百万年，把情绪脑进化得相当精密，它的代码一直不断接受测试，已经发展到能够通过极少信息迅速做出决定的水平。比如在某个危险的场合，我们会意识到“气氛不对”，其实就是大脑检测到了危险的因素通过情绪来提醒自己。

在人类还处于狩猎阶段时，很多决定必须在毫秒之间做出，比如当我们看到远处有风吹草动，就要做出是否是凶猛野兽的判断，这取决于我们的预测机制。我们大脑中存在一些“预测神经元”，当脑细胞预测准确，“预测神经元”就会放电，释放多巴胺进行奖励，让我们体验到“预测准确”的快乐，这套预测机制经过不断的自我完善，到最后能自动比较预期和结果。

在蒂尔曼·贝奇的实验中，当我们被问及“你对哪只股票最后感觉”，其实是启动了我们的“情绪脑”，大脑开启它的预测功能，同时情绪脑对各种股票的实际表现异常敏感，升值的股票与积极情绪相联系，而贬值的股票让人隐隐不安。

在生活中，我们会有各种直觉；在恋爱中，我们会一见钟情；在投资中，我们会有心跳不安。这些并非简简单单的感觉，而是大脑经过复杂的计算通过感觉在提醒我们。

金融市场的“故事线”

当看完乔森纳·诺兰导演的美剧《西部世界》，我学会了一个新名词“故事线”。

《西部世界》讲述了未来的一座以西部世界为主题的巨型高科技成人乐园，在这个成人乐园里，接待员（机器人）满足了人类杀戮、占有等各种欲望，而乐园的工作人员，则不停地更新故事线（故事情节），为游客提供新的刺激。

在金融世界里，很多人也乐于提供这样新的故事线。

百年战争时期的英国王室，可能是最早在金融市场创作故事线的人。战争爆发后，英王室需要大量借款，可是靠什么还款呢？于是英王就开始编故事：王室可以控制海上羊毛贸易，为保证还款，王室以羊毛贸易权作为抵押，所以贷款给英国王室是绝对没有风险的……

事实上，英王既不可能完全控制海上的羊毛贸易，也不可能通过特许权让贷款者垄断羊毛贸易，但这个故事很动听，王室顺利获得巨额贷款。

1711年，哈利·耶尔伯爵成立了南海公司。不久，哈利伯爵开始向南海公司的股东讲述新故事线：西班牙将允许南海公司在所有殖民地自由贸易；南海丰富的金银矿藏将使公司富可敌国；南海公司将垄断英国的棉花和羊毛贸易；公司可以不向任何外国政府缴纳关税……

这其实是彻头彻尾地在编故事，但是这个故事让南海公司的股价一度超过每股1000英镑，当公司崩盘时，股价则灾难性地跌破了120英镑。牛顿在这场泡沫中赔了5万英镑，他说：我能计算出天体的运行轨迹，却难以预料到人性是如此疯狂。

1719年，金融家约翰·劳也开始了新故事线，当时的密西西比公司和法国东印度公司合并成为印度公司，在约翰·劳的主导下，印度公司增发30万股公司股票，每股5000里弗尔。如此巨额的增发怎能没有好的故事线？约翰·劳的故事是这样的：印度公司在密西西比购买了很多土地，那里有丰富的金矿资源……

最后泡沫破灭，股价也从2万里弗尔跌到了不到1000里弗尔，愤怒的投资者把约翰·劳的马车砸得粉碎。

为什么故事会对人的投资行为造成这么大的影响？这是因为人类的思维模式就是以故事为基础的，我们对事实要点的记忆，是围绕故事来排列的，那些被记住的事实，其实也是附加在故事中的。当我们交谈时，总是以互相提醒讲故事的方法进行，而在成功的婚姻中，夫妻通常会创造可以分享的故事。

诺贝尔经济学奖获得者乔治·阿克洛夫说：在金融市场，信心的高涨往往由鼓舞人心的故事所致。这些故事总是和开发新业务、某人如何神奇致富的传说有关，新时代的故事则总是伴随着全球股市的大繁荣。

金融市场说到底就是一个“西部世界乐园”，在这里每天更新着故事线，有大牛市的故事、新能源的故事、高科技的故事、稀缺资源的故事……但所有的故事线总是围绕着人的欲望。

听得见的产权

《经济学人》杂志曾经讲述过这样一个故事：在非洲东南部的马拉维有一对靠宰羊为生的夫妇。鉴于生意红火，他们想扩大经营规模，然而这需要250美元。这点钱对大多数人来说没什么，但是对平均年收入仅为200美元的马拉维人来说却是一笔巨款。

好在这对夫妇还有一块土地和一套房子，那么他们可以通过抵押土地和房产获得贷款吗？答案是不可以，因为他们对土地和房子没有正式的所有权。这对夫妇只有一个由当地村长签订的财产合同，但它在法律上是无效的。

在马拉维，大约有2/3的土地都以这样的方式被持有，人们耕种他们父母耕种的土地。如果对地界有争议，通常由当地村长裁决，如果一个家庭严重地触犯了部落的法规，村长可以收回他们的土地，并将其分给别人。

正是因为这对夫妇对自己的房子和土地没有所有权，所以他们无法进一步获得贷款扩大生产。这种事情不单发生在马拉维，在全世界各地都有。

在环绕秘鲁首都利马的群山上，大量的居民蜗居在贫民窟中，同样的情景在南美其他城市也到处可见。很多居民通过“入侵城市”的方式拥有容身的方寸之地，很多家庭已经这样居住了很长时间，这些聚居区大多具备基本的水电供应和排污设施，但是在法律上，当地的居民对他们的房屋却没有明确的所有权。

秘鲁经济学家埃尔南多·德索托，也是畅销书《资本的秘密》的作者，他深知产权的重要性。因此致力探究“非正式所有权”对经济的影响。有这样一个关于德索托的故事：很多年前他在印尼的巴厘岛上，当他离一家农场越来越近时，一只狗汪汪地朝他叫。他继续往前走，这只狗的叫声停下来了，然后另一只狗又开始叫了。在巴厘岛，一家农场和另一家农场之间的界限没有任何标记，但是那些狗却清楚地知道边界在哪里。德索托回到印尼首都雅加达后，会见了印尼的5名内阁部长探讨建立产权制度的事宜，他对部长们说：“你们已经了解到需要知晓的全部信息，现在只需要问问巴厘岛的狗就知道土地是哪家的了。”

德索托认为，发展中国家普遍存在产权归属不清晰的问题，由于缺乏明确的所有权，人们不愿意进行长期投资来改善他们的生活。健康高效的信贷体系对发展中国家的经济发展至关重要，但是由于缺乏明晰的产权归属，人们无法以财产进行抵押获得贷款。其结果就是，穷人可以生活在一块非常有价值的土地上，但是没有办法通过抵押土地来获得贷款。

据德索托估计，在发展中国家，穷人所拥有的非正式产权总价值超过9万亿美元，这是一笔被巨大浪费的抵押品，它是30年来富国向发展中国家所提供发展援助的93倍。

产权不明晰的危害可能远不止此。在秘鲁生产棕榈油的利润非常丰厚，但是这不仅需要时间，还需要借到很大一笔启动资金。相比之下，生产可卡因不仅生产周期短，对资金要求也不高，其结果是，南美的农民大量种植古柯碱（主要成分为可卡因），造成了全球毒品的泛滥。

一代人高收入两代人受益

2019年3月16日，普林斯顿大学著名经济学家艾伦·克鲁格在新泽西州普林斯顿家里自杀身亡，享年58岁。警方说，他们16日上午接到报案赶到他家里，发现他毫无反应，送到医院后正式宣告死亡。

克鲁格在普林斯顿大学执教30多年，他一直致力于研究劳动市场，尤其是最低薪资对市场的影响，并推翻了许多保守派批评者的说法，断定提高最低薪资不会影响企业用人。克鲁格两度担任美国政府高级顾问，先后协助过克林顿和奥巴马两任总统，在2008年金融危机时打破此前“不再重返政界”的誓言，出任助理财政部部长，后又担任白宫经济顾问委员会主席。

加拿大经济学家迈尔斯·克拉克发现随着收入不平等的加剧，社会的流动性会减弱。克鲁格在2012年的一次演讲中，用“了不起的盖茨比曲线”来解释这一现象。该曲线显示高度经济不平等与低经济流动力世代相应，也就是当有钱人与其他人的经济差距很大时，一个人改善财务状况的能力更仰赖父母的经济地位。

《了不起的盖茨比》是美国作家菲茨杰拉德的作品，小说主人公盖茨比出身普通，他有一个女友黛西，但黛西后来嫁入豪门，盖茨比则发奋成为富翁，并洗白了身份，谎称自己出生在一个富裕的家庭。而以这部小说的主人公命名的“了不起的盖茨比曲线”，是一根向右上方倾斜的曲线，用以说明了这么一种社会经济现象：高度不平等的国家具有较低的代际流动性。社会越不平等，个人的经济地位就越由其父母的地位决定，子女处于父辈的经济阶层的可能性就越高。

加利福尼亚大学戴维斯分校的经济学家格雷戈里·克拉克曾专门研究过“富二代”现象。他发现，家族史的影响比我们想象的大得多，而且其作用时间也持续更久。父亲很关键，但祖父、曾祖父同样很关键。事实上，可能要花上三五百年，才能使上流家庭与普通家庭的后代在各个收入阶层上出现的概率相同。

为了解决可靠数据不足的问题，格雷戈里选择从罕见姓氏中收集信息。他分析了瑞典的名门望族。那些非同寻常的17世纪贵族姓氏以及18世纪某些家学渊源的瑞典人传承的拉丁姓氏（比如像林奈姓）在瑞典社会中都非常稀有。格雷戈里发现，这些家族的子弟在精英阶层中占有很高比例，通过追寻这一线索，格雷戈里计算出了长期的社会流动率。

直至2011年，这些贵族姓氏的子孙仍频频出现在律师这样代表高社会阶层的队伍中，且出现比例几乎是其所占人口比例的6倍。格雷戈里认为，即使是在以社会流动良好著称的瑞典，在几个世纪的时间跨度内，也有70%～80%的家族社会地位能得以代代相传。

惠顿学院的贾森·龙和美国西北大学的约瑟夫·费里埃同样也关注这个问题。在过去的十年里，他们详细查阅了美英两国的人口统计数据，一面记下有子女家庭的家庭状况，同时追踪记下这些孩子成家立业后的家庭状况，以此建立起几代人的数据资料。对英美两国三代人的数据分析表明，一代人的高收入水平会使至少两代人受益。

加利福尼亚大学的乔治·克拉克以及纽约城市大学的戴维和尼尔·柯明斯，对具有罕见姓氏的家族进行追踪。他们通过查阅英国自1800年以来的人口普查记录，挑选出诸如巴扎尔格特、莱斯查莱斯这样的家族，并对他们各自家族中在像牛津和剑桥这样顶级学府里学习过的后辈做了比较。按理来说，在当今拥有普通的平等机遇的社会，父母在收入阶梯中的位置对儿女的影响应微不足道。结果却表明，两百年来社会的变化是极其有限的。这些罕见姓氏家族在1800年的财富和社会地位与今天他们的后代十分相关。

不过，就算富人的孩子更容易继承父母的财富和地位，可是这又怎么样？在约翰·福特改编的电影《愤怒的葡萄》（1940）结尾处，约德的一家驾着破车，四处颠簸。他的母亲对父亲说："有钱人发了财，然后归了西，他们的孩子要是不像话，整个家族就断了气。而我们却生生不息。我们才是活在这世上的一帮人。他们除不掉我们，他们也打不败我们。我们会千秋万代，孩子他爹，因为我们才是人民。"

为什么有人要做假账

美国财经作家小费雷德·施维德讲过一个故事：有个老人在美国中西部的某个城市拥有规模可观的百货公司，但却被自己的儿子和会计们搞得十分烦恼——他们试图向老人证明，虽然百货公司的生意很红火，但实际上却一直在赔钱，为了证明这一点，他们拿出账本，对会计底账和报表进行了详尽的分析。

老人推开账本发话说："听着，我40年前进城时的小推车还保留着，就放在大楼第六层的储藏室里，上去看看它吧，检查检查它吧，然后你看到的一切就都是利润了。"

老人对账本有着某种很深的偏见，不过账本的确改变了世界。

从美索不达米亚文明开始，人类就已经学会了记账，人们最初很可能是为了记账才发明了文字。记账产生了交换和贸易，人类的文明才得以繁荣。但是以后的数千年中，记账方法并没有多大发展，直到15世纪，意大利人发明了复式记账法，人们运用复式记账不仅更容易检查出错误，而且根据原始数据制作的报告能更实时地反映出公司的财务状况。正是这种复式记账法，使得人们可以对地理位置偏远的企业进行投资，并对自己的资金使用情况了如指掌。

1492年，西班牙国王委派哥伦布率队航海东进，寻找由欧洲通向印度的捷径，以便在东方开展投资活动。在随行的87人之中，还专门配备了一名会计，负责对各项投资进行考核，以保证股东的利润一个子儿都不少。

当英国东印度公司返航后，所做的第一件事就是拿出账本来结算分红。会计首先扣除船员的薪水和购买食品或用品的费用、修理帆船的花费等必要费用后，根据贸易赚得的利益，按照投资比例给投资者分红。这样的结算业务，通常要花费一年的时间。

随着公司规模不断扩大，结构也越来越复杂，账本也不断改进，需要让投资人清楚地了解到钱是怎么花的，都花到哪里去了。正是有了这些枯燥烦琐的账本，才保证了海外冒险及海外贸易的顺利发展，最终有了地理大发现以及世界上最早的跨国公司的诞生。

然而光有账本似乎还不够。公司常常对自己的财务数据秘而不宣，或者是对账务胡编乱造。

由于管理权和所有权的分开，公司经理人和公司所有人之间的距离不断拉大，他们在会计方面的兴趣也出现了分歧，股东想要得到及时的信息以便对自己手中的股票做出正确的估价，并把自己所持有股票的公司业绩与他们的竞争对手进行比较，从而判断公司管理层的工作到底做得怎么样。

而公司的经理人则希望通过账本把自己的业绩装扮得越辉煌越好，所以19世纪经理人故意隐瞒公司实情、隐瞒股东是常有的事。早期纽约交易所的上市公司根本不公布任何数据，当交易所向西部铁路、特拉华铁路、拉克万纳铁路三家铁路公司询问财务状况的时候，三家公司要么说“不关你的事”，要么说“没有必要提交任何财务报告”，三言两语就把交易所打发走了。

还有用造假账本来欺骗股东的，伊利铁路这条美国有史以来管理最混乱的铁路曾出具过一份“极富创造力”的报告，当时的《纽约先驱报》讽刺道：“如果新公布的伊利铁路年报属实的话，那么阿拉斯加就会变成热带气候种草莓了。”

在和假账的长期博弈中，19世纪末华尔街出现了“独立审核”“普遍接受的会计准则”这些现代理念，这也是我们今天敢把钱投到股市的基础。不过造假账本的阴影并没有彻底消失，直到今天，我们还会遇到一家上市公司数百亿的货币资金一夜消失的事件（2019年康美药业、2020年瑞幸的财务造假事件）。

02

细节：危机中的经济学

食物离产地越远质量越好吗

如果看过纪录片《舌尖上的中国》，你或许会相信最好的食物一定是在原产地，那里的食物才是最新鲜可口的。比如片中有这样一段优美的解说："（浙江临安）雷笋季节结束，属于山里人的美食故事才刚刚开始。残枝败叶下，泥土裂开一条细缝，笋头将出未出，这就是非常稀有的黄泥拱，一座山头或许只能找到三四棵，但它的肉质比任何春笋都更为细密爽脆，甚至有类似梨子的口感，更为奇妙的是，黄泥拱出土后品质随时间迅速退化，从收获到加工，必须以分钟计算。"

临安吃到的时令鲜笋的味道，也许比别的地方吃到的都好，那么其他食物呢？新疆本地买到的哈密瓜、阿克苏苹果、库尔勒香梨，天津买到的鸭梨，海南买到的芒果和椰子……它们在当地比其他地方买到的更好吃吗？

答案也许会让你大吃一惊。从经济学的角度来说，很多食物，离原产地越远质量越好。这究竟是怎么回事呢？

美国经济学家阿曼·阿尔钦曾提出一个问题：佛罗里达州盛产柑橘并销往全国，然而为什么在纽约出售的柑橘质量普遍要比佛罗里达州出售的柑橘质量要好？对这个问题阿尔钦是这样解释的：在纽约的水果市场中，好柑橘和坏柑橘的销售价格中都要包含运输费用，既然运费是固定成本，当然卖质量好的柑橘更划算了。这样，纽约的消费者就会花高价买进更多的好柑橘，而这又会反过来刺激零售商加大好柑橘的供应量。

阿尔钦的学生把这个现象称为“柑橘原则”。食品商既然要长途贩运，而付出的运费是相同的，他们当然要挑最好的水果贩卖。这种现象不单出现在佛罗里达州的柑橘上，它随处可见，比如华盛顿出产的苹果质量最好的都被运到了东海岸（又称“华盛顿苹果现象”）。再比如我们在超市里看到的进口水果都大小统一，色泽诱人，而本地出产的水果却常常带有疤痕，外观普通。

这个问题其实在《舌尖上的中国》中也已经给出答案：“……（迪庆）松茸收购恪守严格的等级制度，48个不同的级别，从第一手的产地就要严格区分。松茸保鲜的极限是3天，商人们以最快的速度对松茸进行精致的加工。这样一只松茸在产地的收购价是80元，6个小时之后，它就会以700元的价格出现在东京的超级市场中。”在东京吃到的松茸一定比迪庆菜场里买到的好，因为只有最好的松茸才值得被挑选出来千里迢迢运往日本。

除了食物，我们在生活中也会遇到这种现象。《财富》杂志的编辑丹·塞里格曼在撰写一本有关赌博的书时，经过实地观察他发现一个规律：从远方来到拉斯维加斯的赌客比附近来的赌客输钱更多。同样，我们也会发现那些在精品商场大肆购物的常常是远道而来的客人。这里的道理和“柑橘原则”一样，既然已经付出了高额的飞机票和酒店费，那一定会在赌场里多玩两把，或者在购物大厦里多买几个包包。

封面女郎为何成为股市高手

2006年的时候，一家证券公司请了《花花公子》的10位封面女郎，让她们每人选择5只股票，以此来看看她们选出的股票是否能击败市场，获得怎么样的收益率。

证券公司这么做，也许是为博人眼球，然而结果却出乎人们意料，1998年5月的《花花公子》封面女郎迪安娜·布鲁克斯挑选的股票居然上涨了43.3%，远远超过了标准普尔500指数，后者才上涨13.6%，这个性感女郎把90%的资金管理顾问远远甩在后面。

除了迪安娜，成绩优异者也比比皆是，有4名女郎的股票收益超过了标普500指数，而这一成绩只有不到三分之一的资金管理顾问做到了。也就是说，封面女郎完全可以取代股票经纪人，而经纪人打死也上不了《花花公子》封面。

这样的比赛不是第一次，也不是最后一次。2008年12月，俄罗斯《财经》周刊找到了一只名叫“卢克里”的猴子。周刊让卢克里在30枚表示俄罗斯不同公司股票的骰子中，选择了8枚进行了投资组合，并向它们投入了100万虚拟卢布。

当2009年年底金融专家对卢克里所选股票投资总存量价值变化进行观察时，不由得大吃一惊。在过去一年中，猴子的股票总存量上涨了将近3倍。俄罗斯94%的基金输给了一只猴子。

很多经济学家通过这些例子来证明“有效市场假说”（芝加哥大学经济学家尤金·法玛于1970年提出，并在2013年获得诺贝尔经济学奖），即“股票市场的价格是不可预测、随机变动的”。比如普林斯顿大学的经济学教授伯顿·麦基尔在《漫步华尔街》一书中，指出华尔街精英貌似专业地选股其实和门外汉也没什么区别。他说：“把一只猴子蒙上双眼后让它向报纸的金融版掷飞镖而选中的投资组合，和那些专家小心谨慎选择的投资组合相比，盈利性可能一样好。”

不过统计学家对这样的事情另有看法，他们认为，有的活动是靠实力取胜，比如网球，你只要看费德勒的几场表演就能确定他是一流高手，在这类活动中，小样本实验就能得出正确的结论。

而有的活动，运气占很大成分，比如21点的扑克比赛，从小样本实验推出的结论不仅有欠考虑，而且风险很大。运气和取样的大小有密切的关系，只有经过大量样本的实验，才能做出相对可靠的结论。

因此，性感女郎能战胜专业分析师这件事，用统计学术语解释就是：我们看到的只是局部，看不到事件整体的分布情况。事件中运气成分越大，我们越容易出现盲目归纳的问题。一个投资者采用一种策略连赢了100天之后，他很可能相信这种策略是生财之道，屡试不爽，但是市场行情一变，原先的生财之道却会让他身无分文。

1988年，《华尔街日报》的编辑和专业股票分析师开展了一场相对公平的竞赛。编辑们通过扔飞镖的方式随机选择纳斯达克的股票，而专业分析师则通过技术分析选股。这项比赛每6个月进行一次，一直从1988年持续到了2002年，在这个足够大的样本中，分析师最后以平均10.2%的回报率，胜过了扔飞镖的编辑3.5%的回报率。

小提琴手为什么会去采棉花

电影《为奴十二年》中，美国黑人所罗门是个受过教育的自由人，以演奏小提琴为生，他有一个妻子和两个孩子，生活其乐融融。不料某天他却被两个白人以替马戏团表演伴奏为由所骗，一觉醒来发现自己成了南方农场主的黑奴。

一个小提琴手一夜间成为采摘棉花的奴隶，这件事情在今天看来不可思议，就像一个黑人运动员上午在为国家队踢球，下午却被卖到橡胶园当奴隶，然而这却是真实发生过的事情。

那么这么荒谬的事情是怎么来的？

美国经济学家爱德华多·波特说：工作条件的社会化选择与价值和道德的关系不大，主要取决于如何进行劳动获取的利润更高，从16世纪的俄国到新大陆的欧洲殖民地，到底使用奴隶还是自由工人，取决于成本的高低，即付给他们工资与让他们成为奴隶，哪一个更合算。

波特的意思是，要不要把人变成奴隶，主要还是由经济决定的。比如人口众多的社会，工人挤在相对稀缺的土地上竞争工作，很少会出现奴隶制。强制劳动只有在利润率最高的时候才盛行。当劳动力稀缺而土地相对充分的时候，劳动力的价格会越来越高，把工人变成奴隶就越有赚头。

1782年的冬天，美国耶鲁大学的毕业生伊莱·惠特尼发明了轧棉机：一个表面装满细钩齿的可滚动的圆筒设备。一个人通过使用轧棉机：一天可以把50磅的棉花清理干净，而不使用轧棉机，一天只能清理1磅。轧棉机的出现，使得棉花种植就变成了相当有利可图的行业。商业用的棉花可以种植在南方的大部分土地上，而大规模的种植还需要大量廉价的劳动力，这一切，使得小提琴手所罗门被奴隶贩子卖到了南方，成为一个奴隶。

奴隶是农场主的重要财产。19世纪初，在密西西比、田纳西和南卡罗来纳的报纸上，经常会刊登一类广告：出租专抓逃跑黑奴的狗，租金一天5美元。广告大力吹嘘这种猎犬的优点，它们能够追赶逃亡的黑奴，更重要的是，它们受过长期训练，这种训练保证它们不会把黑人的皮肉撕成碎块，只有合法的主人才有权惩罚他们。

不过奴隶制导致经济增长缓慢。农场主只要增加廉价的奴隶就可以提高产量，因此对节省劳动力的新技术投资并不感兴趣。同时，强制劳动者也不会有提高劳动生产率的积极性，因为产量高了只是给雇主增加利润。而奴隶制这两者特点都妨碍了经济的进一步发展。

美国南方的种植园主，成了美国最富有的人。种植园经济的巨大利润，虽然让南方农场主越来越富，但他们却没有想过像北方那样发展工业等其他产业，而是铁了心拼了命要保护自己的奴隶制。

而此时北方的工业已经初具规模，他们需要更多的自由流动的劳动力和资本，于是经济的矛盾使得一场南北战争不可避免。

政治家去世和股价的变化

股市是经济的晴雨表，股价是企业价值的反映……不过这些都是教科书上的东西。股价还可能包括了相应的政治背景。如果一家公司有背景靠山硬，那么可以相应地减免税款、获取价值不菲的许可证，这些无疑会提高股价。但是一旦所依附的政治人物意外去世，股价会产生什么样的变化？

美国普渡大学的经济学教授马拉·法西欧等人统计了35个国家中与政治存在关联的450家企业的数据发现，11.3%的关联企业从政府这里获得了公共资金支持，而对于那些与政治层没有关联的企业，只有4.4%的企业获得了这些资金支持。不过法西欧对此不以为然，他说：与政治层有良好关系的企业的确能得到政府的好处，但它们在商业运行中一般都业绩不良。

越是腐败盛行的地区，政治人物对股市的影响就越大。1996年时任印尼总统的苏哈托铁腕治国已近30年之久，苏哈托有权授权特定的企业贷款、木材砍伐、道路修建、大米进口。1996年7月4日，印尼政府宣称苏哈托因健康原因远赴德国。此后，国内再度传出苏哈托罹患中风或心脏病的消息，股票投资者纷纷抛售持有的股票，雅加达综合指数也因此暴跌。

在随之而来的证券风暴中，与苏哈托政权保持良好政治关系的印尼上市企业均遭受了沉重打击，股东纷纷抛售股票夺路而逃，导致这些企业的股价在数日内下跌了10%以上，出来混迟早要还的，当年这些企业平均下跌25%，要知道2007年苹果公司发布iPhone手机，其股价才上涨了8%。

法西欧等人还使用了一种特别的方法，研究了政治家意外死亡对其家乡企业的影响。他们评估了123起政治家死亡和1700多家公司的股票价格，发现了一个具有强烈统计显著性的关联：政治家的意外死亡，将降低那些公司总部在政治家家乡的公司股票价格。受其影响，这些“老家股”价格将偏离整个股市大方向2%。

同时，这些经济学家还注意到公司个体之间的区别。那些家族型企业从政治关联中曾获得了更多好处，他们的股票在政治家意外死亡之后也会疲软得多；较小规模企业的股票价格会因为失去曾经紧抱的大腿，遭遇更大比例的下降；而大企业拥有与政治家构建广泛的关联网络所以损失较小。

“金满箱，银满箱，转眼乞丐人皆谤。正叹他人命不长，那知自己归来丧……”《好了歌》或许揭示了某种官僚商业的规律。法西欧说，当投资者看到政治家意外去世的讣告后，应该迅速做出决策，股票市场的反应将会在政治家死亡后10天之内慢慢积蓄并最终爆发出来。

残疾人法案为何没能帮到残疾人

美国政府在1990年实施了《美国残疾人法案》，此法案旨在保护残疾人不受雇主歧视。这里的残疾人包括的范围十分广泛，包括精神疾病、阅读障碍、艾滋病以及有吸毒史的人等。法律要求，企业不得向就职者询问其残疾情况，若发现雇员残疾，雇主不能撤销工作邀约，企业必须做出“合理”努力来安置残疾人士。法案通过禁止“错误地解雇”残疾雇员来达到目的，同时还引入了数项强制措施。

在该法案实施后，如果残疾雇员认为他的老板是因为自己的残疾而解雇他，或者在其他方面歧视他，他就可以依据这项法案起诉雇主，因此，《美国残疾人法案》可以说是为残疾人提供了有力的法律保障。

然而让人万万没想到的是，这个旨在保护残疾人就业和权益的法律，效果却适得其反。麻省理工学院的两位经济学家达龙·阿塞莫格鲁和约书亚·安格瑞斯特在2001年的一项研究中发现，《美国残疾人法案》实际上导致美国残疾人的就业人数大幅减少。用经济学家的行话来说，这项法案带来了“反常而且出乎预料的结果”。

导致这种结果的原因很简单，这项法案使得雇用残疾人的成本提升了，例如，要是一个残疾工人表现得没那么勤奋或者高效，或者企业出于实际需求想削减人员，尽管要解雇他的理由和他的残疾本身毫无关系，但在法案的影响下，雇主还是很难解雇他。因此，对雇主来说最好的办法就是一开始就不雇用残疾人。

诺贝尔经济学奖获得者加里·贝克尔说，新法律把这种成本强加给企业，是一种令人不安的倾向。而绝大多数的成本会转嫁给工人、消费者，最终由残疾人自身来承担。

这样的案例有很多，有些法律和建议出发点是好的，但是实际达到的目的很可能是“反常而且出乎预料的结果”。

比如2019年人社部等九部门联合下发的一则《关于进一步规范招聘行为促进妇女就业的通知》中明确规定：用人单位在招聘时，不得询问妇女婚育情况、不得将妊娠测试作为入职体检项目、不得将限制生育作为录用条件等。

这则《通知》旨在消除性别歧视，促进女性平等就业，一公布就引起了社会的强烈反响，登上了微博热搜首位。

该《通知》的出发点无疑是更好地保护女性的合法权益，但是当企业不得询问女性婚育情况时，会使得企业雇佣女性雇员的成本加大，因此企业很可能从自身的利益出发，考虑女性的生育以及育儿产生的隐性成本，从而尽量不雇佣女性，这样一来，原本善意的法律，在客观上增加了女性的就业难度。

再比如曾有人大代表建议将女性产假延长至3年，由社保提供3年的生育津贴或由财政出资保障，改善育儿家庭紧张的生活状况。

这个代表无疑也是出于好意，但这则建议的背后可能是加剧了男女用工的不平等。当一家企业雇佣一名女性员工时，由于3年的产假政策会大大增加企业的用工成本，即使女性的生育津贴全部由政府承担，企业也要付出不菲的额外支出，同时在国家放开二胎政策的背景下，这个支出更为巨大。考虑到雇佣一名女性员工的成本如此之大，在就业市场，企业主就会对女性就业采取歧视政策，尽量避免招聘女职工。

美国很多大城市曾实施过房租管制，其目的就是防止房租飞涨，让穷人也租得起房。比如1946年，旧金山开始实施房租管制。三位诺贝尔经济学奖获得者哈耶克、弗里德曼和斯蒂格利茨合著的《房租管制：神话与现实》中指出，在实施房租管制后，很多房东认为房租偏低便不愿把房子租出去，报纸上出租广告大幅减少，而求租的广告大幅增加。

由于房租管制的对象只是租赁，对房屋的买卖并没有管制，房东不愿意把房子租出去，而是更倾向于把房子卖出去，在租赁市场人们就更不容易找到房子了。那些租出去的房子由于房租偏低，房东懒得打理修缮房屋，于是又旧又破。

本来房租管制是要帮助穷人，想让他们少花钱就能找到房子住，其结果是穷人更找不到房子住了，能找到的也是破旧不堪的，而有钱人由于市面上有更多的房子低价出售，反而能住到更好的房子。

我们差点吃不到麦乐鸡

如果你光顾过麦当劳，那一定吃过麦乐鸡，这是麦当劳的最受欢迎的小食之一。20世纪80年代，麦当劳设计出了麦乐鸡，但是却在犹豫是否要将它上市，因为公司担心鸡肉价格可能上涨，从而挤压它的利润率。而另一方面，麦当劳的供货商，美国最大的鸡肉生产商雷恩加工和其他鸡肉生产商不愿意以固定价格向麦当劳出售鸡肉，因为他们担心自己的生产成本会上升，这样就无钱可赚了。

桥水对冲基金创始人，著名投资家瑞·达利欧这个时候正在为麦当劳和雷恩加工两家企业提供咨询服务，他从经济学的角度来思考这个问题，怎样让双方都满意且不受损失。他把一只鸡看作一部简单的机器，该机器包含一只小鸡和它的饲料。鸡肉生产商最需要担心的、波动最剧烈的成本，是饲料的成本。于是达利欧向雷恩加工展示，如何利用一种谷物和豆粕期货的组合锁定成本，这样一来，它就能向麦当劳提出一个固定报价。

瑞·达利欧在这件事情上看准了两点。第一点，饲料是养殖业最关键的成本。第二点，期货有价格发现和套期保值的功能，可以使得饲料价格保持稳定。

美国独立战争之后，猪肉成为美国人主要食品之一。从弗吉尼亚州殖民地的火腿开始，到芝加哥的"世界范围内猪的屠夫"（意为猪肉的世界供应商），再到如今的艾奥瓦州从中间切开的猪排和明尼苏达州的罐头，美国向西部扩张的历史也是猪肉的历史。

为什么美国人喜爱猪肉，这个问题有一个简单的经济学解释，当年来到美国这个新大陆的移民大多数从事农业，很快他们就发现了玉米这种易于生长的经济作物，玉米便成了新世界的主要粮食。但是，对于那些把玉米运到市场进行交易获利的农民来说，如果玉米销售价格太低，运输费用过高，就会让农民亏损。这使得农民有两种方式可以让过剩的玉米赢利：作为养猪饲料出售；或者酿造威士忌酒，但是酿酒要面临高税赋并且还有违法的风险，于是农民普遍把玉米当作饲料就地出售，这就使得养猪有利可图。由此可见，饲料对肉类的价格有多关键。

而用期货锁定价格也至关重要，期货又称为期货合约，它是这样一种安排，其中的一方被称为买方，他答应在未来规定的时间内，按照规定的价格，向期货合约的卖方购买规定数量的某种产品。于是当饲料现货市场价格上涨时，生产商可以通过期货市场来对冲涨价风险。江户幕府时代的日本就有类似的期货市场，由于当时的米价对经济及军事活动造成了很重大的影响，米商会根据食米的生产以及市场对食米的期待而决定库存食米的买卖。

1996年美国能源企业首次提出“天气期货”这个概念，3年后，天气期货登上芝加哥商品交易所的交易平台，以帮助那些因天气变化而受影响的企业规避风险甚至赚钱。打个比方说，某电力公司预期夏天温度将走低，那么该公司的电力销售量也会相应减少。于是企业就提前在期货市场上做空，若当年出现了凉夏，这时电力公司在期货市场好歹有所补偿。

在期货市场，对未来价格预测得越准，就越有机会赚钱，美国加州大学洛杉矶分校的经济学教授理查德·罗尔发表的论文《橘子与天气》(1984)中指出，美国的橘子98%来自佛罗里达州，天气会影响橘子的产量，继而会影响橘子的价格。罗尔分析发现，在气象局的预报存在误差时，橘子的价格不受预报的影响，而只受实际天气的影响。这说明了期货市场对佛罗里达州未来气温的变化，比官方气象局还要准确。

瑞·达利欧设计的这种方法，也可以运用在其他牲畜和肉类市场，比如固定牛肉价格，这种方式使得整个市场更有效率，通过这种设计，可以比那些凭经验来预测价格的企业更有竞争优势，并最终改变了这些产业的运行方式。

在大大降低自身价格的风险后，麦当劳在1983年推出了麦乐鸡。

赌场为什么要使用塑料筹码

如果你看过20世纪的港片《赌神》系列，你一定记得当剧情达到高潮时，“赌神”把自己闪闪发亮的筹码全部推到了牌桌中间。在赌场中，现金并不流通，而是要事先兑换成筹码，那么赌场为什么要这么做呢？

很多人一定会说，使用筹码是为了方便，各种不同颜色的筹码代表不同价值的现金，赌客下注时一目了然。但是如果我们用行为经济学的理论来分析，会发现其中你不了解的秘密。

当你进入赌场把钱兑换成筹码的时候，你已经为自己设立了一个心理账户。2016年诺贝尔经济学奖获得者理查德·泰勒最早提出“心理账户”这个概念，他说我们总是倾向于把钱归到不同的账户中，比如日常开支账户、娱乐账户、家庭储蓄账户、人情来往账户……不同账户的钱用于不同的目的。

当我们把钱兑换成赌场的筹码时，我们就为自己开设了一个“娱乐账户”，你在心里已经决定拿这些钱用于赌场娱乐，如果你的手气不佳，频频输钱，这并不会带给你特别大的痛苦，因为这些钱都是“娱乐账户”的钱，不是给孩子交学费或者给自己买养老保险的钱，即便把这些钱输光，也在你的心理承受能力之内。

如果你走运赢了钱，这些钱又变成“赢来的钱”。理查德·泰勒观察到一种被称为“双兜”心理的现象，如果一个赌徒赢了一些钱，他会把钱放在另一个兜里，似乎并不把赢的钱当钱看，用赌徒常说一句话是“用庄家的钱赌”。通常情况下，这些赢来的筹码会被用来继续下注。

赌场似乎早已明白“心理账户”这个道理，赌城拉斯维加斯就有一句营销口号：“在拉斯维加斯发生的一切就让它留在拉斯维加斯。”没错，不管你赢钱还是输钱，你的钱最后都会留在拉斯维加斯的赌场中。

除了“心理账户”，使用筹码还有一个作用就是“支付隔离”。经济学家们发现，现金支付这种方式让我们最为痛苦，从钱包里掏出钞票的痛苦会抑制我们的消费欲望，而我们使用支付宝、微信或者信用卡等，这种痛苦感就大大减少。

当我们把钱兑换成筹码时，即使输了，我们支付的不是真金白银，而是几个由塑料做成的筹码，这样会让我们的痛苦感大大减少。这些塑料小玩意成功地绕过我们大脑中掌管支付痛苦感觉的前额叶皮质和脑岛部分，使得它们没有发出痛苦的信号，从而使得我们无法及时收手。

同时，当我们用钱兑换筹码时，相当于一种预付行为。在生活中，我们最无法忍受的付款模式是“计价器运行模式”，即为每一次消费支付金钱，这会一次又一次让我们感到痛苦。

美国经济学家普利莱克和洛温斯坦发现，在其他情况相等的条件下，消费者更愿意提前而不是延后支付。这就像你的健身会员卡充完值后，其后的一切消费仿佛是白得的；你购买了迪士尼乐园的门票后，里面的娱乐项目仿佛都是免费的。当我们提前支付了费用后，我们不再为此感到痛苦。

当你在赌场兑换完筹码装进口袋时，你已经把痛苦留在了服务台。

因此无论是概率上，还是心理上，你都不是赌场的对手，所以，最好的办法就是压根不走进赌场。

从冒牌Pucci的流行中看见金融危机

福尔摩斯擅长观察人的衣着和外貌，并且能从一个人的衣着中推断他的身份，最神奇的故事发生在蓝宝石案中，福尔摩斯捡到了一顶帽子，他说："从帽子的外观来看，很明显这个帽子的主人是个学问渊博的人，而且在过去三年里，生活相当富裕，尽管他目前已处于窘境。他过去很有远见，可是，已今非昔比……这个人一向深居简出，根本不锻炼身体，是个中年人，头发灰白……顺便再提一下，他家里是绝对不可能安有煤气灯的。"

在东野圭吾的小说《新参者》中，侦探加贺也是通过穿着来判断案情的。

侦探加贺是这样分析的：在下午五点半从公司里出去的人，大部分都上了年纪，在公司地位都比较高，此前他们都是待在开足空调的房间，因此他们都整整齐齐穿着西装。而那些在这个时间回公司的人不同，他们一般负责外出销售或上门服务之类的业务，外面这么热，不太可能穿得整整齐齐。如果嫌疑人是负责外出事务的，且像他自己所说从死者家里出来又走了很多路，那怎么可能穿着整齐呢？

我们可能没有福尔摩斯和东野圭吾这般高明的推理能力，但是只要对身边的人细心观察，可能也会看到不一样的东西。

丹尼·摩西出生于金融世家，是华尔街的金融专家，他的工作是管理一个对冲基金。丹尼每天要坐开往曼哈顿区（华尔街所在地）的早班列车，而他对车上乘客的观察（正值金融危机前夕），堪比福尔摩斯。

丹尼·摩西说：我乘坐的列车上金融界人士的比例是95%，如果他们拿着黑莓手机，那么他们或许是做对冲基金的，正在查询他们在亚洲市场的损益。如果他们在火车上睡着了，那很可能是属于销售部门的。提着手提箱或者大包的人，应该不是做销售方面的工作，因为背着大包的唯一理由就是带着大量研究资料。他们也不是经纪人，经纪人不会阅读他们自己的报告，至少不会在他们的业余时间读。带着一份《纽约时报》的人或许是名律师，或者是办公室的后勤人员，也有可能是在金融市场工作，但没有真正身陷市场的人……

如果对这些金融界的人的衣着做进一步的观察，甚至能发现金融危机的前兆。那些管理资金的人如果穿得就像是要去观看棒球比赛，说明他们的金融绩效非常优异，要是穿得太好会引起别人注意，而他们希望尽可能保持低调。如果你看到某个从事金融业的家伙穿着正装，那通常意味着他遇到了麻烦，或者他要如约去见某个给他钱的人，或者两者兼而有之。

因此，当开往曼哈顿地区早班列车上的金融人士普遍穿着随意，说明经济欣欣向荣；但如果人人身着正装，那么说明金融业开始遇到麻烦，投资人开始变得谨慎，人们正在四处找钱。换句话说，车厢里充满了金融危机的味道。

正因为这种敏锐的观察力，丹尼·摩西提前做空了华尔街，在次贷危机到来的时候大赚了一票。

小布什总统的经济顾问皮帕·马尔姆格林擅长把时尚信号变成经济信号，她把模仿璞琪（Pucci）这样花哨图案衣服的大面积流行看作金融危机的信号。

璞琪是一个意大利高档时尚品牌，在20世纪五六十年代出名，玛丽莲·梦露和杰奎琳·肯尼迪都是这个品牌的客户。这类服装颜色艳丽，特别适合娇小的女人，但如果所有人都这么穿，看起来就很可笑了。

到了2007年，马尔姆格林发现，几乎每家店铺都充斥着这类仿璞琪的产品，因为尽管每件衣服价格低廉，但这样的衣服大多只能穿一到两次，它们的面料很快就会过时，很明显女性花的钱超过了她们的承受能力，购买这些衣服的人们负债开始越来越多，直到有一天她们不得不放缓消费。这种大规模的透支消费，让马尔姆格林捕捉到了危机的信号。

2008年金融危机的时候，很多服装零售商都破产了，然而著名服装品牌Zara却逆势取得成功，这其中有很多原因，马尔姆格林说，其中一个重要原因归结于Zara店里总能找到不错的黑色或是深蓝色的裙子以及很棒的白色衬衣，这些都是职场上的标配，几乎每个要找工作的人都会冲进Zara店，同时坚信能找到适合自己的传统服装。

当经济下行，失业率上升时，人们发现，保留自己的工作或者获得一份新的工作，有时只需要穿一件白衬衫和一条黑裙子就够了，或者穿一件质量好的、老式传统西服就可以了。当经济如此糟糕时，你不会让自己冒着丢掉工作、损失薪水的风险穿着花哨。

福尔摩斯对助手华生说："你是在看，而我是在观察，这有很明显的差别。"经济学家原来也是这么做的。

从步行速度观察城市经济

《东京爱情故事》是20世纪90年代的热播电视剧，该剧的片头在歌星小田和正演唱的主题曲《突如其来的爱情》的伴奏下，展现了忙忙碌碌的东京街头。每当看到这段片头时，我都会注意到一件事：东京街头的行人走路飞快。

就在播放《东京爱情故事》的同一个年代，一位来自美国加利福尼亚州的心理学家罗伯特·列文来到巴西休假。在休假期间，他发现美国人对守时的重视与巴西当地悠闲的文化格格不入。于是他决定集中研究世界各地的生活节奏，他和他的学生历时三年，前往31座不同的城市，测量了各种与生活节奏相关的数据差异。

罗伯特·列文后来发表了《不同国家与地区生活节奏的比较》的调查报告，其中专门对世界各地的市民行走速度进行了考察。列文使用的步行速度测试指标是行人在闹市区单位时间内步行60英尺（约18米）的速度，人们步行速度最快的前10个国家依次为：爱尔兰、荷兰、瑞士、英国、德国、美国、日本、法国、肯尼亚、意大利。

罗伯特·列文的研究显示，从某种程度来说，步行速度和一个国家或地区的经济状况成正比，步行速度越快，经济就越发达。在列文公布的步行速度前十的国家中，除了肯尼亚（之所以有这个例外，想想奥运会长跑项目有多少金牌得主来自肯尼亚就不会觉得奇怪了），其余都是经济发达国家。

因此，一个国家经济越发达，工业化程度越高，这个国家的生活节奏就越快，西欧和日本忙忙碌碌，而非洲和拉丁美洲却悠闲散漫。在美国范围内，东海岸节奏最快，西海岸次之，而中西部地区则慢悠悠地跟在后面。

为什么人们的行走速度和经济有关？这可能和经济发达地区的时间成本比较高有关。把时间浪费在慢悠悠的走路上，既昂贵又奢侈。同时决定步速的关键因素是我们所处环境的特征，城镇越大，居民走路越快。有人曾形容19世纪普通纽约人走路时，“总像是前方有可口的晚餐在等着他，或后面有警察在追着他”。还有研究发现，大城市长大的孩子逛超市的速度，是小城镇长大的孩子的两倍。

回到本文开头说的20世纪90年代东京街头，尽管刚刚经过泡沫经济，但东京的经济仍然属于全球最繁荣的大城市之一，急匆匆的脚步也显示出这个城市的活力。那么街头为何所有人（白领、蓝领或者失业者）的脚步如此一致呢？科学家发现，我们之所以会不自觉同步，是因为一种叫作“节律同步”的生物现象，在其影响下，生物体的生理节奏无意识地相互调节，就像天上的鸟儿会齐刷刷地盘旋。

在2006年，一位来自英国的心理学家理查德·怀斯曼再次重复了列文的实验，他惊讶地发现，亚洲的城市也开始大踏步地加快了步伐，像新加坡和广州，曾经在列文的调查中都排不上名次，而现在它们和最繁忙的欧美大城市不相上下，这也从侧面说明了这些城市的经济越来越繁荣。

喜剧背后的经济秘密

有史以来最受欢迎的视频是韩国歌手鸟叔（朴载相）的《江南Style》，该视频自2012年推出以来，仅在视频分享网站YouTube上的浏览次数就高达23亿次，无论你访问哪个网站，都可以明显感到它的流行度。

《江南Style》讲的是一个韩国普通人的白日梦。其貌不扬的鸟叔幻想着各种幼稚的炫富行为，比如在阳光沙滩上，一位美女给他扇着风，其实他身处一个儿童公园，美女也只是他的想象；装作是黑帮大佬在蒸桑拿，结果文身男出现之后，他胆怯地挨着另一个男人；想要骑马，却只是在大街上装模作样地跳骑马舞；坐着快艇，鄙视着坐鸭子船的人，然而实际上，真正富人坐的是游艇……

《江南Style》创下了吉尼斯纪录，世界每个角落都在跳鸟叔的招牌舞步，甚至连68岁的联合国秘书长潘基文也和鸟叔一起跳起了骑马舞。尽管这首歌给全世界带来了无比的愉悦，但假如用经济学的眼光来看这支神曲的流行，恐怕只能得出令人沮丧的结论——神曲流行的当下全球经济并不乐观。

英国的BBC商业网曾报道了金融危机如何在人们中间传播恐惧感和无力感，人们转而把幽默当作唯一的逃避方法。“The Stand”是苏格兰一家著名喜剧俱乐部，组织者发现，金融危机以后他们的生意好了很多，经济下滑，衰退到来，人们便会通过看喜剧的方式寻求安慰。一位喜剧演员说，那些厌倦了谈论经济衰退的人们，希望观看喜剧表演来解闷。这正如鸟叔对《华尔街日报》所说："既然天气这么热，经济这么糟，我只想写一首有趣而激动人心的歌。"

1929年10月29日被称作"黑色星期二"，当天美国股市暴跌，有个黑色幽默说里兹·卡尔顿酒店那天的问候语改成了"请问您开房间是住宿还是跳楼？"继而股灾影响到多个西方国家乃至整个世界，成为全球性的经济危机，美国和全球也进入了长达10年的经济大萧条时期。而这10年，恰是喜剧的黄金时代。如卓别林的巅峰作品《城市之光》（1931年）、《摩登时代》（1936年）和《大独裁者》（1940年）都是那个时代的作品。

经济学上有一个现象叫"迪士尼效应"。它是指越是经济萧条，失业人数上升，假期延长，迪士尼的人就越多，娱乐业也越发达。相反，经济上升期，人们疲于奔命，反而少有娱乐时间。迪士尼的创始人沃尔特·迪士尼就是在美国大萧条的1933年完成了第一部彩色动画片《三只小猪》，开创了百年娱乐大业。在那场经济危机中，迪士尼是最大受益者之一。它通过米老鼠那双戴着白手套的手向全世界播撒快乐，为备受煎熬的人们提供逃避现实的港湾。在经济最黑暗的1929年，好莱坞顺势举行了第一届奥斯卡颁奖礼，经济危机也成为好莱坞腾飞的关键时期。

《江南Style》其经济背景是韩国经济持续低迷，已经创下有史以来最长的低增长纪录（经济如同MV中鸟叔正搂着两个美女，却突然吹来了大量垃圾和纸屑），当年韩国经济增长率更是降至金融危机爆发以来的最低值。

宜家书柜上的世界经济

你来到宜家商场，看上了一款售价499元的毕利书柜，不过可能你有所不知，这可不是一款普通的书柜，在它的背后还有全球经济的故事。

1986年《经济学人》杂志推出“巨无霸指数”概念，通过比较不同国家汉堡包的价格来评价“购买力平价”，以说明汇率如何密切反映各国的商品实际成本。“巨无霸指数”推出后大受欢迎，《经济学人》杂志再接再厉，在2004年又推出“中杯拿铁指数”，即每个国家货币的购买力可以通过一杯拿铁咖啡的美元价格来反映。

彭博社（全球最大的财经资讯公司）也不甘落后，提出了“寿司经济物价指数”，该社每年都会调查美国25个主要城市中吞拿鱼寿司和加州卷的价格变化幅度。寿司在美国的普及度很高，已经成为美国年轻白领代替其他快餐的健康选择，寿司价格的变化既能反映出生鱼肉和米饭这些原材料的成本变化，也能反映劳动力成本和房租上涨的推动。

彭博社另一个有趣的指标是“彭博毕利书柜指数”。

毕利书柜是在1978年由宜家设计师吉利·伦德格伦设计的，有天他突发灵感，因为担心遗忘，便在餐巾纸的背后画了毕利书柜的草图。现如今在全世界有6000多万个毕利书柜，大约100个人中就拥有一个。毕利书柜普遍被认为简单实用并且物美价廉，它可以被改装成各种家具，比如酒架、置物柜。

2009年的时候，彭博社的记者克里斯蒂安·西登堡受“巨无霸指数”的启发考虑到，既然宜家被称为家具业的麦当劳，为何不用宜家的家具价格来评估全球的汇率和购买力。西登堡选用的是一款宜家的白色毕利书柜，这款书柜高202厘米，宽80厘米，深28厘米。

西登堡发现，这款毕利书柜在全球的平均价格为60.09美元，在阿联酋的迪拜最便宜，售价相当于47.64美元，而在以色列最贵，价格为103.48美元。挪威大约在中间，那里的价格为60.15美元。英国的价格也较便宜，售价仅为49.34美元。而在销售了30年毕利书柜的老家瑞典，售价为55.11美元，略低于世界平均水平。

克里斯蒂安·西登堡说:《经济学人》一直使用经典的美式汉堡包作为指数的基础，然而“彭博毕利书柜指数”却有所不同，因为书柜是耐用品，而不是消费品，这意味着它们不是被经常购买的。虽然毕利书柜指数可能不如巨无霸指数那样说明购买力平价，但在商业竞争，运输成本和价格战的讨论中它仍然可以派上用场。例如当你考虑平均工资时，就可以解释为什么英国的毕利书柜比匈牙利的便宜。

彭博社并不是第一个用宜家的家具来比较全球经济的机构，2004年，位于德国杜塞尔多夫的欧洲消费者中心调查了17个欧洲国家75种宜家产品，结果发现宜家家具在整个欧洲的价格差异很大，例如波兰的沙发比德国的沙发便宜得多。这项调查本来是为那些注重价格的欧盟消费者提供信息的，但经济学家也从中发现了欧元区与波兰、捷克等东部国家之间的货币差异，以及这些地区的货币因债务危机而被削弱的程度。

不过这个指标也并非完美，一些经济学家指出，宜家的家具价格通常在一年内保持不变，同时购买的人群也太少，这两个因素都使毕利书柜成为衡量经济不太可靠的工具。尽管如此，想到毕利书柜上放着的不仅是图书，还有全球经济的变化，不由让人对它另眼相看。

人人都在谈论房价时

有次同学聚会，其间一个同学提起了买房子的事情，结果一桌的人都热烈地加入了讨论，这个说房价还会继续涨，那个说最好还是买学区房，还有人说自己买了好几套房已经赚了好几百万了……

这个时候我想起诺贝尔经济学奖获得者罗伯特·希勒讲过的一个故事：1999年美国股市接近顶峰的时候，几乎人人都在讨论股市。那时希勒和他的妻子打了个赌——当他们外出就餐时，希勒预言，他们的邻桌正在讨论股市。虽然希勒并不打算偷听别人的谈话，但是他还是很多次听到邻桌在说“股票”这个词。

从20世纪90年代末起，一种简单的想法占据了我们身边每个人的思想，那就是房子是最好的投资方式，把钱投资房产是万无一失的好办法。房价只涨不跌，每一轮的房价上涨后，市场上只有两类人，一类是买到房子欢呼雀跃的人，还有一类是因各种原因没买房而扼腕叹息的人。

希勒和他的同事卡尔·克斯在波士顿、洛杉矶、密尔沃斯和旧金山4个城市对近期购房者做了一个调查，在这4个城市中，波士顿、洛杉矶和旧金山的房价经历了大幅度的上涨，而密尔沃斯的房价则较为稳定。希勒设计了调查表，让买房者回答一个问题：你是否同意，房地产是最好的投资工具？调查的结果是，那些房价高企的城市中，“完全同意”的比例要高于密尔沃基，其中，“完全同意”比例最高的城市是洛杉矶，同时它也是房价上涨最快的城市。

从这个调查中我们可以看到，人们存在一种感觉，就是认为价格总会不断上涨。即便看着价格接近“宇宙价”内心有微微的怀疑，但是看到周围人们的热情又会很快打消这种疑虑。这种选择相信市场的繁荣，而主动选择性忽视可能出现问题的反面因素，心理学家将之称为“如意算盘偏差”（wishful thinking bias）。

尽管专家言之凿凿地向我们指出，房价上涨是因为诸如“土地稀缺”“城市化进程不可逆”等等，但我们仍然在房价的上涨中看到了“反馈环理论”：最初的价格上涨导致了更高的价格水平的出现，第二轮的价格上涨又反馈到第三轮，然后反馈到第四轮……诱发因素的最初作用被放大，产生了远比其本身能形成的大得多的价格上涨，这种反馈环也导致了股市的牛市产生。

人人都在谈论房价时，房地产投资就变成了一种流行文化。当我们看到价格上涨时，每个人会再次调整自己的信心和期望，突破原先设置的价格天花板，“如意算盘偏差”让我们不断放大利好消息，我们的思考方式的变化感染了整个文化，这种文化又反过来进一步推动房价。

不过，当我们每个人都在眉飞色舞交流买房秘诀时，那个和你谈论股票的擦鞋小童正站在你的身后——20世纪20年代后期，正值华尔街股市极度疯狂之时，华尔街传奇人物伯纳德·巴鲁克遇到擦鞋小童饶有兴趣地和他谈论股票。巴鲁克一回到办公室就把所有的股票都抛售一空（也有另一种说法这个故事的主人公是肯尼迪总统的父亲老肯尼迪）。我们或许该冷静地想一想，此刻我们是否正处在泡沫的顶端。

投资者的需求不可能永远扩大，当这种需求停止时，价格上涨也会停止，于是，泡沫开始破灭。希勒说：在那个时候（1999年）提起股市，被认为是一个可以接受的，甚至是令人兴奋的话题。5年以后，在公众场合提及股市就不再那么吸引人了，它甚至变成了一种侵扰，一种无礼的行为。

经济学家和007来一番较量

经济学家究竟能干什么？有一个笑话说：“短期看他们干了很多，长期看他们什么都没干。”还有一个笑话是：“他们预测了过去

5次衰退中的9次。”

不过这样的评论也许不太公平。在某些时候，他们的作用超乎我们的想象。比如经济学家在为各种各样的总市值超过数万亿美元的公司设计并实现拍卖上起了很大作用；经济学家已经建立了许多交通运输业成本最小化的数学支撑；由经济学家发展并完善的统计技术、分析技术已经越来越多地运用于体育行业；经济学家在新兴的人类器官及婚姻的“匹配”产业中做出了巨大的贡献……

当我们在电影中看到詹姆斯·邦德（英国007特工）这个万人迷，为了获取情报飞檐走壁时深入虎穴，无所不能时，也许不会想到，那些戴着眼镜、看着统计数据的经济学家们，获得情报的能力可能要远远超过詹姆斯·邦德。

据台湾经济学家赖建诚《战争时期经济学家有用吗？》一文说，二战时期，英国情报机关的詹姆斯·邦德们汇报，1943年德国每月能生产100万个轮胎。不过经济学家可不这么看，他们是这么估算的：假设虏获和毁损的德国轮胎占总产量的0.3%，再假设前5大轮胎厂的产量超过全国总供应量的70%，就可以计算出德国的轮胎产量每月约18.61万个，结果战后调查的实际数据是17.55万个。这个数据足以让詹姆斯·邦德们下岗。

类似的还有对坦克、飞机、枪械、V形飞弹的估算。在这些方面，经济学家的能力足以让情报人员无地自容。比如坦克，詹姆斯·邦德们经过出生入死，得来的情报是在1942年8月，德国坦克的产量是1550辆，经济学家却说只有327辆。这次詹姆斯·邦德们又输得很难看，因为战后调查的实际数字为342辆。

经济学家们的类似精确推算还有很多，比如他们计算，德国和苏联开战，军队每推进200公里，就需要额外的3.5万次卡车运输军需，换句话说，运送物资到前线的能力，每天会减弱1万吨。这表明到1942年，东线的德军战斗力会明显下降。战后证明，这项评估基本正确。

当时德国的经济学家也不是吃素的。二战时德国的战时经济处聚集了顶尖的经济学家。他们推算情报的能力也相当了得。比如德国战时经济处曾推断到1944年3月31日为止，根据租借法案各国向苏联提供的客车卡车等总数是20200辆。实际数字是20793，误差只有2.8%。

战时经济处授权准许任何从苏联坦克底下取回黄铜号码牌的士兵享受休假。德国经济学家约尔丹博士将这些号码同发动机、炮筒和底盘上的顺序号码穿插起来，推算出苏联T -34型坦克的年产量是16500辆，最后证明这个数据相当精确。

战时经济处根据约尔丹计算的坦克产量，加上根据租借法案进口的坦克，结合坦克从工厂到港口需要的时间，以及红军坦克兵力编制表，一次又一次估计出苏联部队的实力，甚至精确到苏军哪一天会得到新的坦克再次发动进攻。

福尔摩斯能够从报纸中读到别人看不到的信息。比如他有一个爱好，就是把伦敦各家报纸的寻人广告栏和讣告保存下来用以研究犯罪（《福尔摩斯的最后致意》)。二战时期的经济学家用了同样的方法。

二战中，盟军迫切想了解德国境内的伤亡人数，“策略分析局”的经济学家想到一个办法：阅读德国各地报纸地方版的讣告。德国文化长久以来对讣告相当看重，对死者的生殁年份、职业、阶级、服务单位、死亡地点都有详细记载。美国通过驻瑞士领事馆收集德国各地的讣告，样本数约为各地报纸总家数的1/4。经济学家估计，每伤亡1个军官，就会有21.2个国民死亡，由此盟军准确推断出了德军官兵的伤亡人数。

事实证明，在二战中，盟军的经济学家组成的分析团队，通过统计分析工具，从有限的样本做出科学的推估，事实证明，他们得出的准确性比情报部门还要高，这些判断，帮助军方锁定关键重点，找出了对方的致命弱点，为战争胜利做出了重大的贡献。

03

真相：生活中的经济学

数字“凡尔赛”

几年前，一款绣有“11968”字样的帆布手提包在曼哈顿上东区风靡一时。上东区里住得是纽约最有钱的富人，很多时尚就是从上东区开始流行的，那么包包上绣着“11968”这几个数字为何会成为时尚呢？

原来11968代表的是南安普敦的邮编，而南安普顿是有名的高档度假区。这个邮编的隐含台词就是“我是富人”。

邮编就像一个窗口，通过它可以代表你的消费能力和社会阶层。比如美国Esri软件公司通过大数据的分析，对不同邮编的人进行了画像，比如对住在邮编90210(比弗利山庄)的人的画像是这样的：

我们已婚，小孩已经长大，或没有小孩。在我们奢华的家中，每一项家居维护的杂务都签约给各种服务商负责。我们可以在顶级的沙龙、SPA、健身中心充分享受各种私人服务，我们在高端商户选购任何想要的东西。我们经常旅行，享受豪华又舒适的度假，或者去我们在美国或国外的第二个家住一住，不惜花费。我们的夜晚和周末被戏剧、古典音乐会、慈善晚宴和购物填满……

2008年，苹果公司的App Store上架了一款叫作“我很富”(I Am Rich)的App，售价999.99美元，它没有任何功能，只是在屏幕上显示一颗红灿灿的钻石，为了让用户提醒自己很有钱。尽管这款无聊的软件第二天就被下架，但据统计还是有8个土豪买了……

制度经济学鼻祖、美国经济学家凡勃伦提出一个重要的概念——“凡勃伦效应”，也就是“炫耀性消费”，通过吓人的消费和排场，来显示一个人的财富、权势、地位和成功。英属哥伦比亚沿海的印第安酋长会积聚成千上万张的毛毯，赶在某个大节日送给别人，或者无缘无故把昂贵的船只烧掉，以表示他对这些东西毫不吝啬。据说这是博得名誉和压倒侪辈的唯一方法。

今天的人们通过各种各样的办法展示“炫耀性消费”。比如投资电影虽然是件烧钱的事情，但是也能满足投资者对身份地位的追求。首先你得是“符合资质”的投资人，说白了就是得“很有钱”，其次足够的钱能让你成为“联合制片人”，享受种种特殊待遇：在你投资的影片开始或结尾时大屏幕打出你的名字；你可以和主演一起参加内部酒会；可以在电影拍摄期间探班片场；还能以贵宾的身份出席电影的首映礼……

通过炫富来谋求地位不单是富人的专利，普通人也希望有更高的地位。相对来说，普通人花在衣服、珠宝、汽车这些能体现地位的物品上的钱在总收入中所占的比重，超过了富人花在此类物品上的钱占收入的比重。

另一个有趣的现象是，若是银行、基金公司在较为贫穷的地区开设分部，这会促使当地居民进行储蓄和投资。这并非银行和基金公司在当地普及了金融知识，或者是投资变得更加方便，而是因为被熟人看到常常进出银行、基金公司的话，可以体现自己的地位，原本无形的存款和投资变得跟衣服、首饰、汽车一样直观可视了。

从进化的角度来说，“炫耀性消费”是为了显示自身资源和能力，以获得更多的繁衍机会。

有个有趣的故事：在发展中国家，政府向贫困者提供社会保险时会遇到一个问题，那就是政府并不了解每一户居民的具体收入，不知道谁才是贫困人口。

针对这个问题，政府有两种解决办法：一是调查居民的财产，眼光集中在那些不容易转移、不容易藏匿的财产上，比如房子、电视机。另一种方法是，让每位村民把全村人口从最富的到最穷的排个序。

出人意料的是，财富排名居然是非常透明的事情。经济学家在对印度尼西亚640个村子进行的实地研究中发现，对于一位村民的收入在村子里排什么位置，该村民自己的判断和他人给出的判断非常一致。而且，排序得出的结果比调查大件财产得出的结果更令人信服，村民更满意根据排序来决定对哪些人进行资助。

在《傲慢与偏见》中，当宾利刚刚出现在小镇上，班特纳夫人就弄清楚了这个年轻人的财产状况。“哟，单身，是个有钱的单身汉，一年四五千，我们几个女儿的福气可来了！”而当她听闻女儿伊丽莎白与达西订婚的消息后，狂喜之情更是溢于言表：“一年有一万镑的收入，可能还要多！阔得简直像个皇亲国戚。”那么班纳特夫人是如何知道宾利和达西的年收入的？美国圣约瑟夫大学经济学教授布克曼解释，在19世纪的英国社会，关于资产净值的信息是公开讨论的。所以当一个高富帅挂牌交易时，他的财务状况是如同上市公司一样透明的。

随着城市的扩大和人类社会关系的复杂，人们越来越需要一些信号显示出自己的财富和地位。曼哈顿上东区不仅需要爱马仕的铂金包，还需要“11968”这样意味深长的奢侈品。社交名流简·霍尔茨就有绣着“11968”字样的包，此外，她还有一个类似的、绣着棕榈滩邮编的包。当被问到为什么她的包上绣着邮编时，当然她才不会表明用包包来显露地位这一举动，而是顾左右而言他：“我喜欢的是这个包包本身，它的形状、它活泼的颜色。”

免费的超级大牛排

在英国诺丁汉有一家名为“玫瑰和皇冠”的餐厅，它有一个著名的烧烤套餐，里面有8盎司（一盎司约等于28.3495克）的西冷牛排、8盎司咸猪肉、3个猪肉香肠、3块鸡胸、2个鸡蛋、6个洋葱卷以及一堆烤番茄、豆子和大薯条。如果你能当场吃完，那么一切免费，如果你吃不完，则要支付60英镑。

这种促销方式或许来自美国的“大德州牛排牧场”。当你经过德克萨斯州的阿马里洛，你可能会看到这样一块巨大的广告牌，上面写着：“免费的72盎司牛排”（约有2公斤重）。这是“大德州牛排牧场”餐厅的招牌菜，内容包括色拉、基围虾、烤土豆、肉卷、黄油以及一块超大的72盎司的牛排。餐厅的要求是，如果你能在一小时内把这些全部吃完，那么可以免单走人，否则你得掏72美元为此买单。当然，你必须先预付72美元，如果你能吃完店家会全额退还，就餐者还必须签署一份弃权书，声明所有的健康风险由自己承担。

当你点了这份72盎司的牛排后，其实你已经成了餐厅例行表演的人，你必须坐在特殊的舞台上，当着所有人的面吃，而且在就餐期间你不得离开桌子，你要是吃吐了，就算你还想继续吃，对不起，你已经没有资格了。

这项活动可谓历史悠久，从1960年以来开始举办，当时的价格是9.95美元，约有6万人接受了这项挑战，餐厅报告说，有8500人全部吃完，整体成功率达到14%。参加挑战的人可能觉得，72盎司的牛排，即便没有吃完，每盎司牛排也就1美元，这实在也不算贵。并且和那些“能吃多少吃多少”的促销活动不一样，挑战失败的顾客可以把吃剩下的部分打包带回家。

“大德州牛排牧场”老板鲍勃·李发明的这个促销活动的原理，在经过十多年后，也就是20世纪70年代，才由两位以色列心理学家得以系统论述，这两人就是日后获得诺贝尔经济学家的丹尼尔·卡尼曼和他的合作者阿莫斯·特沃斯基。

卡尼曼和特沃斯基设计了一个幸运转轮，上面刻有0到100的标记，但他们对这个转盘进行了改装，使指针只能停在10或65的位置上。他们从俄勒冈大学招募了一些学生做这项实验。他们两人中有一人会站在一个小组前面，转动这个幸运轮盘，并让小组成员记下转盘停下时指向的数字，当然，这些数字只可能是10或65，之后两人向实验者提出两个问题：你刚才写下的数字和非洲国家占联合国（所有成员国）的百分比数字相比是大还是小？你认为联合国中非洲国家所占的比例最有可能是多少？

幸运轮盘的转动根本不可能为任何事情提供有效的信息，实验者应该忽略它的影响，但是他们却没有做到这一点，那些看到10和65的人平均估值分别为25%和45%。

他们把这种现象命名为“锚定效应”，指的是人们在对未知量的特殊价值进行评估之前，总会事先对这个量进行一番考量，此时锚定效应就会发生。是指人们的某种数值估计会受到最先呈现的数值信息（即初始锚）的影响，以初始锚为参照点进行调整和做出估计，由于调整的不充分使得其最后的估计结果偏向该锚的一种判断偏差现象。

这种锚定效应常被用于商场促销。在美国艾奥瓦州的一家超市里，商场正在降价10%促销坎贝尔汤罐头，有那么几天货架上写着“每人限购12罐”，而在其他几天里则写着“不限量”。购买者在限购时平均会购买7罐，是不限购时购买量的2倍。在这里12罐的可购买量就会成为一种锚定，人们的决策就是围绕这一购买量做出调整。

“大德州牛排牧场”的老板鲍勃·李也是充分运用了锚定效应，72盎司牛排就是一个锚点，一来到大德州餐厅，每个人都会反反复复听人提到或亲眼看到“免费吃72盎司牛排”这件事。虽然绝大多数顾客不会点这道菜，但是它巧妙地提高了就餐者对自己食量的估计，并随之提高了顾客的支付意愿。

卡尼曼在和另一位合作者凯伦·雅克维茨做的另一个关于锚定效应的实验中，向受试者提问：普通美国人每年吃下的肉食，是多于还是少于50磅？普通美国人每年吃下多少磅肉食？受试者回答这个问题答案的中间值是100磅。

他们又向另一组受试者提出相同问题，不过50磅的数值变成了1000磅。这次受试者给出的中间值变成了500磅。

鲍勃·李的牛排促销还运用到其他一些经济学原理。

为什么挑战成功率只有14%，这是因为人们普遍存在高估自己能力现象，行为经济学家将之称为“乐观偏见”。人们不仅对自己的胃口存在过高估计，还会在方方面面过度自信，比如驾车能力、学术能力、运动能力等等方面。

还有一个原因是，当人们饥肠辘辘地赶到“大德州牛排牧场”时，会做出冲动的决策，这就像我们在饥肠辘辘的时候去超市，总会把各种好吃但其实并不需要的食品放入购物车中。冲动性决策使我们对某件事物的需求超出了我们对它实际的需求程度，用经济学的语言表述就是：此时的决策效用超出了该决策可带来的预计效用。在这里，诸如饥饿这类的本能因素会产生影响，当这些因素强烈程度高达一定水平时，冲动性或者非理性的行为就会发生。

最后一个原因是“大德州牛排牧场”促销使用了“非线性定价”。72盎司牛排每盎司的价格并不是一条直线，而是每盎司1美元，当你吃完时价格就下降为零。在这场挑战中，饥肠辘辘的顾客并不知道自己将要付出72美元还是彻底免费，因为这种不确定性，让顾客大大忽略了付出72美元这件事的真实性。每磅牛排只不过1美元，或者根本不用钱，于是顾客脑子里想得全是进行一笔划算的交易，而实际上，那个划算的价格需要撑破肚子才能得到。

王菲演唱会门票的真正价值

有个当房地产记者的朋友说起一件匪夷所思的事情：她说有套二手房，卖了18个月没卖掉，有天终于盼来了买家，但是买家提出了一个小小的要求，希望卖家把家里一台老缝纫机送给他。缝纫机的价值和房子相比几乎可以忽略不计，可是卖家居然冒着房子卖不掉的风险，断然拒绝这个小小的要求。

如果我要写悬疑小说，这无疑是个好题材，这样的情节让我想起了日本的推理作家横沟正史的代表作《神秘的五角银币》：有家人举行了一次茶会，其间有人窃走女主人的钻石别针，因为怕搜身，便把它藏在钢琴腿里，准备以后寻机会来取……

当然，缝纫机里并没藏着钻石，如果你学过经济学，这件事就变得可以理解了。在行为经济学上，这种行为被称为“禀赋效应”，即人们普遍不愿意割舍自己已拥有的东西。当人们一旦拥有某个物品，那么他对该物品的评价，要比未拥有之前大大提高。

理查德·泰勒是著名的行为经济学家，他还在2017年获得了诺贝尔经济学奖。在他还是罗彻斯特大学学生的时候，就很注意观察身边人的行为。他注意到，他的教授罗塞特很爱收藏葡萄酒，对于自己收藏的葡萄酒，即便对方出价高达100美元一瓶也不卖，而罗塞特教授本人在拍卖会上买葡萄酒的话，无论葡萄酒质量如何，他的出价从来不超过35美元，这个巨大的价格差在经济理论上看起来很矛盾。最低卖价（100美元）比最高买价（35美元）高出很多，似乎拥有一件物品就具有了某种魔力，大大提升了它的价值。

理查德·泰勒发现了很多禀赋效应的例子：比如有一场王菲的演唱会，你好不容易花了500元买到了一张门票，不久，你在网上看到有人出价3000元求购这张门票，要知道你本人最高也只是愿意出1000元购买这张票，那么你是卖还是不卖？泰勒发现，绝大多数歌迷都不会出售手中的门票，尽管你的最低卖价会在3000元，而最高买价只有1000元。

这究竟是什么原因呢？泰勒一直对此很好奇，当他接触到"前景理论"时，这些问题终于有了答案：愿意买还是卖取决于不同的参照点，教授出售这瓶酒，他就会考虑放弃这瓶酒的痛苦，如果没有拥有这瓶酒，他考虑的就是得到这瓶酒的乐趣。因为存在厌恶损失，所以这两者并不相等，即放弃一瓶酒的痛苦比得到一瓶酒的快乐更深刻。

美国杜克大学的经济学家丹·艾瑞里也提出了类似的观点：即人们会普遍高估自己的劳动成果。他将这种现象称为"宜家效应"。宜家的家具普遍要消费者自己组装，艾瑞里说："我觉得花费了几个小时的工夫和力气，就把我和家具的距离拉近了，我对它的感情比对家中其他家具的感情都深，我想如果它有感觉，也会比其他家具更喜欢我。”美国品食乐公司就利用这个效应，把蛋糕粉中的部分配料拿掉，让主妇根据自己的喜好添加鸡蛋、牛奶、食用油，结果蛋糕粉的销量大增。

老裁缝的古怪脾气

美国三一大学经济学的教授威廉·伯烈特和E. M. 史蒂芬，以及弗吉尼亚大学经济学教授肯尼斯G. 艾辛格三人突发奇想，运用经济学理论写了一本谋杀推理小说《致命的均衡》，在书中有这样一个故事：

亨利·斯皮尔曼的父亲是个裁缝。在自己的裁缝店里，老斯皮尔曼总是对顾客彬彬有礼，尽量满足他们的需要。作为一名裁缝，他的良好声誉不仅仅是因为他衣服做得好，更是因为他对顾客的礼貌与友好。但是当他回到裁缝店上面自己的家中时，就像完全变了一个人似的。原本彬彬有礼的他变得脾气暴躁，容易发火。在家里，他从来就不知道，也不关心妻子和孩子们需要些什么。

老斯皮尔曼的妻子这样抱怨道：“我真的很搞不懂。在店里，你对每个人都那么和善。但是一回到家，你就总是满腹牢骚。当西尔弗曼先生在和你说有关袖口的问题时，你会认真听他所说的每个字。而对我呢，即使是谈论我们女儿的结婚礼服，你也漠不关心。”

亨利·斯皮尔曼后来成了哈佛大学经济系教授，他开始用经济学理论解释父亲那些令人费解的行为反差：父亲做生意要和其他的裁缝店竞争，并且彼此的竞争非常激烈。

如果是大家排队等候老斯皮尔曼做衣服，他可能会很粗鲁地或有差别地对待某些顾客。但是，正是由于裁缝这个行业竞争激烈，礼貌和良好的服务才能赢得顾客，招徕回头客。粗鲁的态度和糟糕的服务则会吓跑顾客，所以有限的市场决定了老斯皮尔曼的服务态度。而家庭关系则不存在这样的市场竞争，老斯皮尔曼就不用收敛他的脾气了。

我是20世纪70年代出生的，在我小时候常会遇到一种奇怪的现象，你明明在饭店里好好吃饭，因为到了服务员下班的点了，他们就会毫不客气地拿着扫帚开始打扫卫生。这些扫帚会直奔你的脚来，虽然他们嘴巴上说“让一让”，而架势简直是要把你一起扫出去。

已故的英国作家杰弗里·博卡写过一本有趣的书《莫斯科景象》，内容是他在20世纪七八十年代苏联的所见所闻。他这样描写自己的就餐经历：我刚一坐下，一个身穿黑西装的服务生就猛冲过来，递给我一份油腻腻的菜单，菜单页面支离破碎，无法使用。我心里想到的第一道菜是罗宋汤，但领班今晚主推鱼子酱，于是服务生从我手中抢走菜单，直接翻到鱼子酱这一页……

著名经济学家亚当·斯密在其著作《国富论》中说道：“面包师清早起来做面包，不是为了怜悯那些早晨上班的人没有早餐吃，而是为了追求自己的利益。”

服务的品质和道德无关，如果饭店的收益和服务员的利益没有关系，他无论如何也不会给你好脸色的，即便受再多的“为他人服务”的教育。当市场经济大规模地推广开来时，有人愿意顶着大雪或者冒着酷暑只为给你送一盒外卖（这可不是因为你长得帅），这是因为每个人都在为自己的利益奔波，这就是市场经济的奇妙之处。

供求关系也决定着服务的态度，美国加油站工作人员的态度一直很客气，但是在20世纪70年代第四次中东战争爆发后，国际石油输出国组织为了打击对手以色列及支持以色列的国家，宣布石油禁运，暂停出口，这造成油价疯涨。于是尼克松政府对石油供应进行了管控，一些地方还实行限号配给的措施，在有汽油出售的日子由车牌号的尾数决定是否能加油（基于尾数是奇数或偶数）。即便是这样，汽油还是常常供不应求，这使得加油站职员的脾气也发生变化，很多顾客排着长队，尽管油价很高，他们却争着要掏钱加油，加油站职员的服务态度却一天不如一天。但是当石油危机过去后，政府取消控制，一切又恢复了正常。人们去加油时，又可以看见彬彬有礼的职员了。

二战期间的屠夫对待顾客会很粗暴无礼，因为那时候肉价受到了人为控制；20世纪40年代美国一些城市对房租进行管制，当法律的规定使租金达不到和市场供求关系相应的水平时，房主的态度就会很粗鲁无理，而且他们把出租房打理得一塌糊涂；在计划经济阶段我国商品实行凭票供应，紧缺商品常常供应不足，顾客需要大清早排队购买这些商品，只有那些足够幸运的人才能买到自行车、手表、缝纫机这些紧俏商品，而那些售货员无一例外都是板着脸孔，一副你爱买不买的样子……

因此，老斯皮尔曼的怪脾气根本不是什么怪事，它只是对环境做出的回应罢了。在家庭范围里，老斯皮尔曼乱发脾气不会付出任何代价。但是，在楼下，在他的裁缝店里，同样的行为是要受到惩罚的，老斯皮尔曼视环境的不同调整和控制着自己的脾气。

拍卖场中我们的内心戏

在拍卖行，有一句名言："天堂就是两个俄罗斯经济寡头争着拍下一件艺术品。"这是因为许多俄罗斯竞买者比西方买家富有，而拍卖经验不足，所以他们更害怕后悔。两名俄罗斯买家之间的竞争会导致双方在超越自己的底线之后继续出价，只为了不想输给对方。

两个收藏家抱着"拼到底"的决心非得拿下某件拍品，对拍卖行来说还有什么事情比这更美妙的？那么竞拍中人们又是如何成为那个不理性的傻瓜的呢？

英国经济学家兼当代艺术收藏家唐·汤普森仔细研究过苏富比的拍卖，他说在佳士得或苏富比的大型拍卖现场，来宾必须盛装出席，不过你会发现在拍场后方，这个被称为"拍场的西伯利亚"的地方，站满了观众，许多人都是穿着运动衫和拖鞋的游客，代理商和重要的收藏家则坐在最前面的预约席上。爆满的观众是为了营造出强烈的期待感和火热的氛围。

气氛有了，拍卖师开始给出拍品起拍价，几次喊价后，通常很快就达到底价，这些出价一般都是真的，但有时也掺杂着委托人交代的虚假出价，这就是所谓的“吊灯出价”（chandelier bidding），出价人也被称为“吊灯”。一件拍品开槌后，一开始出价的人会很少，有经验的竞买者往往等到最后才出价。如果竞买者意兴阑珊，拍卖师就会让“吊灯”再出几次价，以维持节奏。

每件拍品拍卖的时间通常很短，几分钟或者几十秒，也就是说，仅在几秒之内，竞买者就必须重新评估一件艺术品的艺术价值、投资潜力和其他竞买者的决心，只因为刚才从他手里夺走另一件拍品的买家这次还想抢下这件艺术品，他是否应该继续出价？拍卖师则使出激将法，以其中一人来刺激另一人，同时鼓励每个人都不要退缩：“最后一次……确定吗……不后悔？”

如果夫妻联袂出席拍卖会，那么影响出价的因素就更复杂了。竞买者几乎都是丈夫，但他们需要得到妻子的允许才能出价，这从他们的肢体语言中可以看得出来，丈夫会转向妻子，确认她以动作或眼神表示同意后，才敢再次出价。拍卖师会接受男方的出价，但他会看着女方，并且对女方施展“不后悔吗”这类激将法。

所有竞买者在进场时通常都会想好一个出价底线：“最高就到这里，再高就放弃吧。”然而一旦拍卖开始，很少有人能够守住这一底线。竞买者会告诉自己：“再出一次价就好。”帮客户竞拍的代理商会在电话中劝说客户："这已经是我们的底线了，但这件作品真的很棒，我觉得我们应该再往上加一些。"在这种情况下，说"我们"并不奇怪，因为许多代理商只有在客户得标时才能赚到佣金。

竞拍中为何人们会不断突破自己设定的底价，这是因为拍卖中会产生"禀赋效应"——拥有一样东西，会使我们高估这样东西，这个原因就是一样被称为"禀赋效应"的东西在起作用。这个概念由哈佛大学心理学家艾伦·兰格提出，之后又由行为经济学家理查德·泰勒进行了补充和延伸。

美国行为经济学家丹·艾瑞里在杜克大学做过一个实验，他把学生分成两组，一组通过彩票赢得了某场篮球票，另一组则是无票的学生。艾瑞里让拥有球票的学生出售球票，而没有票的学生掏钱买票。在有票的学生出售那些篮球票的时候，定价要比没票的学生愿意支付的价格高得多。尽管那些篮球票的背后是同一时间的同一场比赛，带给观众的是同样的体验，实际价值也完全没什么不同。有票的学生只是因为自己拥有那些篮球票，就毫无理由地比其他人都觉得那些篮球票有着更高的价值。

丹·艾瑞里说，有一种被称为"虚拟所有权"的经历，即我们不需要完全买下一件产品，也能获得拥有感。假设我们在eBay上看中了一款米奇手表，并出了最高价，虽然拍卖还没结束，但我们觉得自己赢了，已经是它的所有者了，我们开始想象拥有这件物品的感受，这个时候如果有人横插一脚，出了一个更高的价格，我们会很沮丧，短暂的拥有产生的禀赋效应让我们对拍品的估值随之增加，于是我们对那块米奇手表继续加价……

在拍卖中，哪怕竞买者只有几秒钟的时间成为最高出价者，这种“虚拟所有权”带来的禀赋效应也会起作用，他会为了不将这件拍品拱手让人而喊出更高的价格。此时的出发点已变成“我要赢，这件东西是我的”。他知道，要是自己输掉这件几乎已是“囊中之物”的拍品，心中将会有多么悔恨。

有一项数据表明，竞买者在拍卖过程中出现“失心疯”是多么常见的现象。当得标者准备付款时，有1/8的人会说：“我出的价钱没那么高吧？”这种情况很像有人第一次买了房子，第二天早上醒来后心头一震：“天哪，我得付多少年的房贷呀？”为了避免发生这类争议，拍卖公司会对所有竞拍过程录像、录音，以求自我保护。

拍卖公司还会在买家表示不安前先行安抚。隔天一大早，拍卖专员会打电话来恭喜你，买到这么有价值的拍品。他们会强调客户做的决定多么正确，钱人人都有，这件艺术品全世界可只有一件啊！

假如你多读点经济学的书，你会明白一点，拍卖中，胜出的赢家往往也是亏钱的一方，这种现象被称为“赢家的诅咒”。这个道理其实很简单，经济学家唐·汤普森说，在某场纽约苏富比拍卖会上，一个坐在他邻座拍卖会参与者告诉他：“只要一想到在拍卖会上得标，就意味着你的出价高过在场几百个人认为这件艺术品应值的价钱，我瞬间就清醒了。”

人们为什么会热衷阴谋论

当我第一次听到美国人登月是个骗局的说法时，我的大脑被这种说法深深吸引，登月阴谋论说：这是20世纪最大的科学骗局。NASA（美国航空航天局）之所以要用谎言来欺骗公众，其目的是制造假象，一举击败苏联；另外一个目的是转移美国公众的注意力，掩盖“阿波罗”计划耗资巨大但仍陷入失败的困境。

当然，他们还有很多理由支持这种阴谋论，比如没有任何一幅影像画面能在太空背景中见到星星；摄影记录中那面星条旗在迎风飘扬，而月球上根本不可能有风让旗帜飘起来……

不过当2015年NASA一口气登出8400多张阿波罗登月的高清照片时，谣言不攻自破。于是我在想一个问题：为什么当年我们对这种阴谋论这么感兴趣？

其实相信阴谋论并不代表我们的认知低下，因为这很大程度来自我们大脑的进化过程。

从20世纪90年代开始，心理学家发现大脑的不同功能互相区隔，彼此协作或者冲突。美国心理学家安德鲁在国际认知科学顶极刊物《认知》杂志上发表了一篇论文说：当人们在某些科学论断和自己既有的天真信念一致时，会很快认同这些论断是有效的。但如果既有信念和科学论断相左时，这些信息在大脑中就会被处理得较慢，也较不准确。

打个比方，当年非典病毒流行时，我们的大脑对如此可怕的病毒并没有既有认知，于是“这种病毒是从实验室流传出来”之类的阴谋论，就成为我们大脑比较容易接受的说法。

美国心理学家、行为经济学家迈克尔·舍默说：人们之所以热衷阴谋论，这可以归因为人的“启动效应”，即大脑和感官习惯用预期的模式去解释外界刺激。当人们遇到匪夷所思或者不寻常的事情时，习惯在混乱喧嚣中寻求有意义的模式。舍默将之称为“模式化”。

除了这种“模式化”，舍默还提出一个“操作性”的概念，它是指人们倾向于相信某些隐形的力量在操控这个世界。而阴谋论不仅将一系列偶然事件串成有意义的模式，还在这些模式中引入有所图谋的操控势力。两者一起构成阴谋论的认知基础。

阴谋论有个特点，它能够让人们用已知的知识快捷地解释复杂的现象。比如二战时期美国没有发现日本的偷袭舰队，并且忽略很多重要的信号。因为这里的原因很复杂，于是“美国有意让日本袭击珍珠港，以便唤起民众向日宣战”的阴谋论就产生了。

不过如同阿波罗登月是个骗局一样，日本偷袭珍珠港是美国人设的局也同样无知可笑。

事实上，复杂的阴谋其实很难成功，你偷偷向领导打小报告可能成功，而一个阴谋事件如果涉及上百上千人，成功的可能性几乎没有。因此，当我们下一次遇到阴谋论的故事时，最好多想一想，别被大脑的思维惯性蒙蔽了。

“诚实”的谎言

马丽娜·艾德谢德是个单身女性，她的职业是英属哥伦比亚大学温哥华经济学院的经济学教授。她讲述了自己的一次网上相亲经历。

马丽娜在约会网站认识了一个男士，该男士说他拥有研究生学位。在后来的接触中，马丽娜问及男子具体是什么学位，他支支吾吾最后才吐露真相，事实上他在社区大学里待了6年，屡战屡败没有修完学业。用他的原话说：“我现在本应该是个博士了。”

马丽娜说，谎言现象在约会网站非常普遍，比如男人普遍会把自己说得高一点点（平均大约一英寸，即约2.5厘米），而女士则会把自己描述得苗条一点（大约为8磅，即约7.2斤）。她并非不能接受说谎，但谎言都有一个道德上的分寸感，没有人愿意和一个没有底线的骗子共度余生。

美国杜克大学的行为经济学教授丹·艾瑞里对撒谎等人类的欺骗行为很着迷，他花费了10多年的时间来研究这个问题。他和几位同事在麻省理工学院招募了一些志愿者进行了一个实验，每位志愿者获取一份有20道数学题的试卷，他们被要求在5分钟内尽可能地多答题，然后根据正确解答的多寡决定报酬的高低。

5分钟之后，研究者告诉志愿者：“现在时间到了，请数出你的正确答案，并将你的答卷放入房间后面的碎纸机里进行粉碎，然后告诉我你答对了多少道题。”当然答卷并没有真的被粉碎，实验的结果发现大部分志愿者都在说谎，大家平均谎称解开了6道题，但实际上只有4道，不同文化背景的参与者表现都相似。

这个实验中，让艾瑞里最感兴趣的部分是，为什么人们没有把谎说得更大（平均只增加了2题，而不是5题或6题），并且当研究者大幅度提高报酬后，志愿者并没有提高自己说谎的数量。艾瑞里说：我们为人们提供骗取大量金钱的机会，但他们只骗取一点点，因此肯定有某种东西阻止人们失去道德底线。人们希望别人看到自己的诚实形象，因为大家在某种程度上将社会教导的美德内在化了。

艾瑞里还做过另一个小测试，在麻省理工学院的公共冰箱里，一些饮料常常会不翼而飞，艾瑞里悄悄溜进学生宿舍，在冰箱里放了6罐可口可乐，同时他还在冰箱里放置了诱饵——6张1美元的钞票。

没超过72小时，所有的可乐都被拿光了，但特别有趣的是，冰箱里的钱却一分不少，学生本可以拿着这1美元到附近的自动售卖机上买一罐饮料，但没有人这么做。

加州大学圣芭芭拉分校的贝拉·德保罗对147名成年人的研究发现，人们平均每天会说谎一到两次，但大多数谎言都是无害的。艾瑞里说：说谎并不奇怪，但大多数人说谎都有个限度，大部分人说谎的程度，由公众共识下形成的社会规范所决定。

如果相亲者虚报了一厘米身高，两公斤体重，对方可能一笑了之，然而当相亲者伪造了学历，这就超出了社会规范的限度，于是马丽娜回答他道："再见。"

花钱给自己或别人哪个更快乐

在《射雕英雄传》中，当郭靖初遇黄蓉时，慷慨程度让黄蓉大吃一惊。

黄蓉道："这种穷地方小酒店，好东西谅你也弄不出来，就这样吧，干果四样是荔枝、桂圆、蒸枣、银杏君……八个酒菜是花炊鹌子、炒鸭掌、鸡舌羹、鹿肚酿江瑶、鸳鸯煎牛筋、菊花兔丝、爆獐腿、姜醋金银蹄子。"店小二听得张大了口合不拢来。

吃完这顿昂贵的饭菜出得店来，郭靖见她衣衫单薄，当下脱下貂裘，披在她身上，还把身边剩下的四锭黄金中取出两锭送给黄蓉。黄蓉接着说道："我喜欢你这匹汗血宝马，你肯不肯送给我？"没想到郭靖毫不迟疑地回答道："好，我送给兄弟就是。"

郭靖之所以眉头都没皱一下，就把自己的黄金、貂裘、宝马送给了别人，这固然和他在蒙古草原养成的重友轻财的豪爽个性有关，而另一部分，也是经济心理学研究者一直关注的内容。

伊丽莎白·邓恩是加拿大英属哥伦比亚大学心理学社会认知和情绪实验室的教授，迈克尔·诺顿是美国哈佛大学商学院工商管理专业的教授，两人的主要研究问题是：金钱财富的花销方式是否会和获得金钱财富一样影响人们的幸福感？花钱给自己与花钱给别人对人们幸福感的影响是否会有不同？

两人通过一系列的研究，最终把研究成果发表在了《科学》杂志上。在这篇名为"花钱给别人能促进幸福"的文章中，两人介绍了他们的研究方法和结论。

两人首先探讨的是花钱方式与人们幸福感之间的相关关系。他们采用了调查法，随机抽取632名有代表性的美国人样本，男女比例为45比55，要求评价并报告他们的总体幸福感和他们的年收入，并报告他们在有代表性的一个月内四项花销的情况，四项花销分别为还账单和日常花销费用、为自己买礼物的开销费用、为别人买礼物的开销费用、向慈善机构捐赠的费用。

这项调查研究初步证实了人们的消费方式和幸福感之间的关系，即人们怎样花他们的钱对他们幸福感的重要性，或许和他们挣多少钱对其幸福感的重要性一样大。进一步讲就是，想要提高幸福感，花钱给别人也许是比花钱给自己更有效的一条路径。

邓恩和诺顿的另一个实验中也得到了几乎相同的结论，也就是当得到意外之财后，将其花销给别人比花给自己体验到更大的幸福感。

他们的实验过程是这样的：在某一天的早上，每位实验者都拿到一个装有数十美元的信封，他们被要求在当天下午5点前将各自信封里的钱花出去。一些实验者被随机分到个人消费组，这一组的实验者被要求将钱花在为自己付账单、给自己付日用品花销或者给自己买一件礼物等方面。而另一些实验者则被随机分配到亲社会消费组，这一组的实验者被要求将钱花在为别人买一件礼物或者进行慈善捐赠等方面。当天下午5点之后，所有实验者都被电话访问，并报告他们的幸福感状况。

研究者对他们的幸福感进行了评定，实验的结果直接支持了研究者的因果判断：花钱给别人对幸福感的提高远高于花钱给自己对幸福感的提高。

人们常常会说，“我从前太亏待自己了，以后要好好心疼自己，给自己多花钱，不能只是给配偶或者孩子们花钱”，事实上，给配偶或者孩子们花钱所带来的幸福感，比给自己花钱带来的幸福感更高。

最经典的例子就是欧·亨利的小说《麦琪的礼物》中，德拉把心爱的长发卖了，买了送给吉姆的表链，这件事情虽然让德拉有些不舍，但是能够给吉姆送上礼物这件事却能给德拉带来深深的幸福感；而吉姆也一样，虽然卖了自己心爱的挂表，但是想到能给德拉送去礼物他也有深深的幸福感。如果两人都只想着给自己买礼物，那他们就无法体会到彼此深爱的那种幸福。

邓恩和诺顿的实验证明了郭靖如此慷慨的原因：给别人花钱能带来更大的幸福感。这项研究的重要意义在于，将传统研究中聚集于收入本身对幸福感影响的观点，转向了探讨收入的消费方式和消费方式选择对幸福感影响的检验。

郭靖的这些慷慨举动深深打动了黄蓉。她本是随口开个玩笑，心想他对这匹千载难逢的宝马爱若性命，自己与他不过萍水相逢，存心是要瞧瞧这老实人如何出口拒绝，哪知他答应得豪爽之至，实是大出意外，不禁愕然，心中感激，难以自已，于是伏在桌上，呜呜咽咽地哭了起来。

职场上人们为何不愿说真话

一个叫麦克马斯特的美国人写了一本书，研究美国究竟为何会被拖入愚蠢的越南战争。他在这本名为“渎职”的书中说：林登·约翰逊是因为肯尼迪总统遇刺身亡而登上总统宝座，其实他很缺乏安全感，希望获得安慰，讨厌争执。他任命的国防部长麦克纳马拉是个典型的“好好先生”，他无情地推行总统“只听一家之言”的要求，时时刻刻让约翰逊总统感到慰藉。

每周二的时候，约翰逊都会要求包括麦克纳马拉在内的三位顾问参加午餐会。在场的没有一个军事专家，连参谋长联席会议主席也不在邀请之列。这三位顾问亲如一家人，他们时刻谨言慎行，在与约翰逊会面时，总会把建议润色成总统喜欢的形式。麦克纳马拉寻找的是“通力合作者”，他解雇了三个军事助手，因为“他们碍事”。他宣称如果各部门谁和总统的决定“意见相左”，谁就卷铺盖走人。

在这种高度“和谐”的体制下，明哲保身可能成为大多数人的选择（那些说了真话的人早就滚蛋了）。

伦敦卡斯商学院教授大卫·西姆斯教授说：“如果你传递坏消息，那么你就是在削弱自己的权力，以后，你的意见就更不可能得到倾听。”西姆斯接着说，“即使是一个冷静有教养的领导人，也会倾向于将老是与自己唱反调的人清理出自己的核心圈，而作为下属的明智选择则是避免发表一切批评意见，或是传达糟糕的消息。”

古罗马历史学家塔西佗在《罗马编年史》中记载，恺撒让一位元老发表意见，这位马屁虫元老厚着脸皮问道：不知道恺撒您将以怎么样的顺序提出你的意见，如果是你第一个发表，那么我就按照你的意见发表我的个人意见，如果你最后发表意见，我会害怕一不小心发表和你不同的意见。

职场常通行如同王小波所说的“花剌子模信使模式”：据野史记载，中亚古国花剌子模有一种古怪的风俗，凡是给君王带来好消息的信使，就会得到提升，给君王带来坏消息的人则会被送去喂老虎。在这种激励模式下，即便想说真话的人也会闭嘴。

英国经济学家蒂姆·哈福德对这种状况分析道：“多数领导想听到的反馈信息的真实度其实是有限的，多数人在与当权者交谈时总是对观点加以粉饰。如果等级制度森严，这一过程就会不断重复，真相最终会被一层厚厚的甜言蜜语包裹得严严实实。而一个人越有野心，就越可能选择成为好好先生。”

奥地利经济学派最重要的成员之一，经济学家弗里德里希·哈耶克认为：社会充满了局部知识，这些知识充满了微妙的特征，而且是稍纵即逝的，这就解释了去中心化（将决策权朝向组织底层进行迁移和配置的过程）的市场运行往往良好的原因。也就是说，了解情况的往往是基层骨干，老板可能什么都不知道。

正如麦克马斯特所说，所有人都“忠心耿耿”，不同意见被视为威胁。正是这种从上到下整个组织机构的彻底失败，才导致了美国深陷越战泥潭。

穷人家的孩子早当家

天蒙蒙亮，还在读小学的女孩董云就起身了。她包揽了所有的家务，洗衣做饭，同时还要照顾瘫痪在床的母亲。她要帮妈妈翻身、按摩、捶背，还要给妈妈喂饭喂药，而这些事情，她在5岁时父亲离开这个家时就开始学习起来了。当她以优秀的成绩考取大学之后，她又带着相依为命的母亲一起去了大学。

在这个世界的另一个地方，有个很有钱的母亲，她给未成年的儿子买各种豪车，送他出国上贵族学校，然而儿子不是打架斗殴就是闯祸犯法，这让做母亲的操碎了心。

穷人家的孩子是否更懂事更孝顺？单个的例子可能无法证明这个观点，于是经济学家们试图从统计数据和经济学理论来回答这个问题。

英国埃塞克斯大学的经济学家约翰·埃米施致力于研究此类问题，他的研究表明：财富越多，随之而来，子女就越不孝顺。这也印证了长久以来许多为人父母者都深信不疑的观点。

埃米施说，和穷人相比，有钱人在养育孩子时往往给子女提供更多的金钱和帮助。然而在孩子身上所起的作用却好像正相反。根据英国的家庭调查数据，以拥有大学学位的富家子弟为例，他们给父母打电话的次数要比普通人少20%，去看望父母的次数更是要少50%以上。

这也许有些令人困惑，富二代们都是从有钱的父母那里继承到财富的，这也就意味着他们如果不阿谀奉承，就会失去大笔财产。

那么是什么使得富人的孩子不够孝顺呢？埃米施解释说，这里有两个可能的经济学原因。

第一个原因是收入的增长，他们尽孝道义务的边际成本也就同样提高。有钱孩子的时间用在了社交和娱乐上，这些宝贵愉快的时间用在陪家人聊天上就好像变得很不值了，所以富裕往往会显著拉大父母和子女之间的距离。并且，既然亲自看望可以用电话问候代替，那么接下来就会连电话都懒得打了。

另一个原因是来自一个叫作“策略遗产理论”的经济学边缘分支。富人家的孩子们只会付出确保其获得一份合理比例的遗产所必需的孝顺，在这里，孝顺更多是一种交易，而那些没有同胞兄弟姐妹与之争夺财产的孩子则会更容易达成目的。

没错，这也是穷人的孩子更孝顺的原因，他们没有财产，不需要策略，他们知道生活的艰辛，亲情是他们最大的财富，和家人在一起的时光弥足珍贵。正如契科夫笔下的小凡卡说道：“亲爱的爷爷，发发慈悲吧，带我离开这儿回家，回到我们村子里去吧……亲爱的爷爷，我再也受不住了。我原想跑回我们村子去，可是我没有鞋，又怕冷。等我长大了，我会照顾您，谁也不敢来欺负您。”

那么有钱的父母们又该做些什么呢？也许多生些孩子会得到好的结果，或者像比尔·盖茨一样把钱捐给慈善机构。不过埃米施却并不乐观。他说：“他们唯一所能做的就是围着孩子转，并且不要过早地把家产交给孩子们。”

照片的神奇作用

我们在递交求职信或者相亲的材料时，往往会放上自己的照片，这样做或许会增加成功的概率。（顺便说一下，求职女性照片漂亮不是件好事，美女平均要投出11份简历才能得到一次面试机会；而相貌一般的女性平均只须投出7份即可。）经济学家脑洞大开地想道：假如在贷款推销的邮件中放上一张照片又会如何呢？

麻省理工学院经济系教授森德希尔·穆拉伊纳丹和他的同事沙菲尔做了一个大胆的实验：他们从南非某大型消费者信贷机构得到许可，让该机构给自己过去的53194名客户发送了邮件，邮件内容是为他们提供特别贷款利率。穆拉伊纳丹的团队从图库中找到一些愉快的笑脸照片，放在信件的右下角，也就是签名的旁边。这就含蓄地暗示，照片上的人是一名银行职员，说不定信就是他（她）写的。

穆拉伊纳丹等人想知道测试邮件中添加照片后的效果差异到底有多大，他们给每封信随机分配贷款利率，测试利率的范围是从3.25%到11.75%，对这些客户而言，3.25%是真正便宜的贷款利率，还不到该公司正常最低值的一半，而11.75%通常是提供给信用最差借款人的最高利率。

穆拉伊纳丹的团队跟踪了这些贷款邮件，他们发现，性别效应只对男性起作用，在给定利率下，要是信件里有女性的照片，男性客户会更容易接受贷款，而对女性客户来说，照片则不起作用。较之信件里没有照片或附加的是男性照片的客户，收到的信件中如果附加了普通女性照片，那些男性客户提出贷款申请的可能性更大。

穆拉伊纳丹和沙菲尔等人还发现了另一个奇怪的现象，他们的研究团队计算出，在致男客户的信件中附加女性照片，由此带来的贷款申请量跟将利率降低4.5百分点所带来的申请量是一样的，这可是足足4.5百分点的差别。

邮件中添加的照片只是简简单单的职场女性黑白照，和诸如推销豪车让比基尼女郎躺在上面的靠诱惑卖商品是两码事，顾客并不是因为“我要见见这么火辣的姑娘，为了她承担更高的利率都是值得的”这种愚蠢的想法，事实上，是把这些邮件当作垃圾删掉，或者是读读看，不过是一瞬间的决定。因此一个可能说得通的解释是：男人对女性照片感兴趣，所以读了信的人比删掉它的人多一些。而男性照片对女性就起不到这个作用。

还有一种更有意思的假说，即照片启动了性别行为的自动模式，男性普遍认为女人不擅长讨价还价，而把一张女性的脸放在特定利率的旁边，会让男人觉得这是一笔划算的交易。

这种解释让男性看起来很傻，但是下意识的事情也真的很难说。或许女性的照片给男性潜意识灌输的是这样一个概念：“这个利率比你从男信贷员那里拿到的要低啊！”类似的心理学解释还有很多，在许多社会环境和实验中，男性对其他男性持竞争态度，对女性则不然，看到女性的照片，可能会让男性放下通常状况下想要得到最优利率的焦虑。

仅仅是多了这么一张照片，就会起到如此大的作用，穆拉伊纳丹和沙菲尔的团队想到一个问题，那些看到女性照片就做出不理性决策的男人，他们是不是某些特定的人群，也就是说，他们对照片的反应说不定是系统化的，他们一贯做出糟糕的财务决策，看到女性照片犯了昏也不是什么奇怪的事情了。

然而研究人们并没有找到统计上的证据，说明容易受女性照片影响的客户在收入水平、教育、贷款偿还率上有什么与众不同的地方，看来这种错误只要是男性，不论身份、收入如何都容易犯。

不过这个研究对贷款公司而言，却是个惊喜，因为用照片提高利率比单纯提高利率更有效。如果贷款公司单纯提高贷款利率，那么能够接受高利率的客户不但人数比较少，而且通常还容易赖账。而通过照片提高利率则不同，公司不仅吸引到了更多的客户，而这些人也不是赖账不还的那个群体。

一切仅仅是多了一张照片，事情就是这么神奇。

让别人看到你的努力

电影《海角七号》中，日本知名歌手将在台南小镇恒春举行一场大型演唱会，由于当地人的坚持，暖场乐团将由当地的音乐爱好者组成。电影的高潮出现在最后的暖场演出中，这个有老有小的临时乐团大获成功。电影观众之所以被他们的音乐感染，除了这些乐手们表演的艺术魅力，更重要的是观众一直看着这支乐队成长和努力。

这支民间乐团虽然是由邮差、业务员、机修工、警察、小学生七拼八凑组成的一个草台班子，然而正是由于每个人的梦想、困惑、挣扎和奋斗，一次次地失败和努力，最终才演绎出一场完美的演出。假如观众没有和他们一起成长，没有看到他们的努力，只是单单看最后的演出，无论如何都不会体会到这种震撼力的。

我们在职场上也同样如此，让别人看到你的努力是至关重要的。

美国行为经济学家丹・艾瑞里讲过一个故事：有个软件工程师，为一家银行编写了一套庞大的办公软件。这套软件可以把接收到的数据转化成美观的报表，完成分析和生成报表的时间大约是两分钟。这期间，沙漏会显示软件正在工作。

该报表十分有用，但是所有的人都抱怨软件运行的速度太慢了。

这个软件工程师解决问题的方法出人意料，他修改了软件，让人们在使用时看到其具体运行情况，而不仅仅只是面对沙漏。人们能够像在用快进模式看录像一样看到它的工作过程，改进后的软件显示它正在对数据进行分割，合成数据库，生成标题和图表……

但问题是，这样的话这套软件运行的时间是原来的三倍。

令人惊讶的事情出现了，使用这套软件的人不但没有抱怨它速度缓慢，相反对它的高效和完美赞叹不已。

对此，丹・艾瑞里的解释是，当我们觉得有人在为我们工作，尤其是当他们努力工作的时候，我们的感觉会比较好。我们有时很难对得到的结果做出直接评价，但是我们非常愿意对整个工作过程做出评价。让某人努力为我们工作可以使我们感到愉悦。

丹·艾瑞里所说的道理无处不在，当有人喜欢三天两头向领导汇报自己的工作，讲述自己遇到的困难和如何努力克服的过程，这在很多人看来，无异于溜须拍马（也许真有那么回事），然而领导往往对他们格外信任，这其中有深刻的心理学背景。掌控一切并不是自我感觉强烈的人的“专利”，我们所有的人潜意识里都有这个心理因素。当我们看到人或者机器在为我们一丝不苟地工作时，当我们掌握下属的工作进程和态度时，我们会得到一种安全感，觉得一切都在掌控之中。

很多时候，我们喜欢偷偷地努力，然后一鸣惊人，最后风轻云淡地说：这也没什么啊。事实上，如果你让别人看到自己的努力，无论对自己，还对是别人都是好事。

来自肠胃的决策

作家王小波说：“从小我对讲出来的话就不大相信，越是声色俱厉，嗓门高亢，我越是不信。这种怀疑态度起源于我饥饿的肚肠。和任何话语相比，饥饿都是更大的真理。”这话大有道理。

19世纪上半叶，大量的英国农民失去土地，一些移民机构看准了机会为海外的铁路工程招募苦力。然而让大英帝国的子民背井离乡远渡重洋不是件容易的事，于是那些移民代理人会做一些为失业者提供就业机会的演讲，而这些演讲中最受欢迎的则是大声朗读那些先走一步移民的信件。

在这些信件中，大家最感兴趣的内容是食物。一位名为乔治·史密斯的移民在信中写道："我们到达（新西兰）的第一天的第一餐……有新鲜牛肉、嫩土豆和胡萝卜。"他还说：以前在英国，他们一家把猪脸或几片培根当作好东西，而在新西兰，他可以一次性买半只甚至是整只羊，牛肉也很便宜。

有些信件还提及他们可以买得起最好的带骨肉，两周的牛油相当于他们以前六个月的量，他们可以上商店用现金买上一大包糖和半箱茶，而在国内，他们省吃俭用也只能赊账买价值几便士的茶和糖。饥肠辘辘的农民咽着口水听得津津有味。

这些信件成了最好的移民广告，在1815年到1930年之间，欧洲对外移民人口大约有五千万，这些移民大部分去了美国，其他则去了加拿大、澳大利亚、新西兰等地。他们带着美好生活的期望去了新世界，而美好生活具体含义就是能吃饱。

这些宣传大获成功的另一个原因在于，我们的肠胃也会参与思考，并影响我们的大脑，替我们做出决策。

肠子在生理学中扮演着重要的角色，将近80%的迷走神经纤维负责把身体的信号传递给大脑，这大部分信号来自肠子和心脏。肠神经系统是唯一一个可以独立于大脑运作的神经系统，它包含了大约一亿个神经元，其神经传递介质的数量与大脑中的差不多，因此肠神经系统也被称为人体的“第二大脑”。

大脑和肠神经系统由迷走神经连接，就像两个大国首脑会互通消息影响对方的决策，一个大脑的状况往往会影响另一个大脑。比如面临威胁时，头部的大脑会让肠部的大脑停止消化，因为消化会消耗大量能量。而当肠胃感到饥饿时，大脑的思维同样会发生变化，我们会选择性地关注食物的信息，不再关注别的事情。对饥肠辘辘的失业者描述食物的信息，肠神经就会促使大脑下定决心：为了食物去铤而走险。

这也是减肥比我们想象得更困难的原因，当我们饥肠辘辘时，我们的肠胃会“挟持”我们的大脑去寻找食物，同时消减大脑的自制力，因此减肥最后大多以报复性地大吃而结束。

小说《围城》中孙柔嘉说，“男人吃不饱，要发脾气的”，这也是有道理的。进食会让人身心愉悦，大餐带来的不仅仅是味觉的享受，同时也会让身心放松，让我们自我感觉良好。总而言之，大脑的神经活动会影响消化，而肠部的神经活动会影响心情和思维。

还有一个有趣的现象，儿时熟悉的食物的味道还会让我们想起故乡，这是为什么呢？当我们进食后，肠分泌的荷尔蒙会指导大脑记住找到食物的地方，人类就是靠着这个本能找到食物而生存下来，所以当我们再次尝到儿时熟悉的食物味道时，大脑就会引导我们想起童年生活过的地方。

为什么我们会阻止别人搭便车

有个朋友住在体育场边上，每到有精彩的比赛或者演唱会，我们都会到他家里的露台上观看，如果用经济学的术语来表述这种的行为的话，那就是“搭便车”——得到一种物品的利益而避免为此付费。

搭便车这种行为到处都有，我读大学的时候，一间寝室住八个人，寝室里常常脏得像猪圈，发出难闻的味道，大家都互相屏牢，直到某个人（常常是他的女友）实在看不下去，开始动手打扫房间，而其他人则搭了便车。

美国德克萨斯州奥斯汀分校的经济学教授丹尼尔·哈默米斯讲过一个有趣的例子：在芝加哥郊区，小男孩们最刺激的游戏就是看某个孩子向经过的汽车扔雪球，当这个“勇敢”的男孩把雪球扔进汽车窗户时，其他孩子就在旁边哈哈大笑。大家都能从这种“勇敢”的行为中获益得到乐趣，即使围观的人再多，也不会减少每个人的收益。

有些时候汽车司机会大怒并停下来，追逐并训斥那个扔雪球的男孩。只有一个人需要承受扔雪球的成本，有时这个这个成本太大以至于大家都不想当投手。

现实世界中，扔雪球这个行为往往由政府提供，我们把它称为“公共物品”，比如灯塔就是公共物品，它让过往船只得以避开有暗礁的水域，每个船长都搭了灯塔的便车，然而却不用为此付费。因为人人都是搭便车者，私人市场通常不愿意提供这种服务，因此灯塔都是由政府经营的。

但是在一些情况下，灯塔也可以是私人物品，例如19世界英国海岸上有一些灯塔由私人拥有并经营。那私营灯塔如何避免别人搭便车呢？原来灯塔的经营者并不向享有这种服务的船只收费，而是向附近港口的所有者收费，如果港口所有者不付费，灯塔所有者就会关掉灯，而船只就会避开这个港口。

有些时候，为了避免别人搭便车，还会有一些匪夷所思的行为。

美国经济学教授亚瑟·奥沙利文讲过一个故事：在便宜的怀表面世之前，人们出门在外是不带表的，许多城镇都建造了钟楼以方便四面八方的市民看时间，在美国东北部的一个小镇有一座古怪的钟楼，在四个面中只有三个面显示时间——其中的一面没有安放钟面。

钟楼的主要成本是在建造楼身上的费用，增加一个钟面的边际成本很低，为何建造者不在四面都放上钟面呢？原来当时的钟楼通常是市民用自愿捐款的方式来建造的，该镇中有一个有钱的居民拒绝为修建钟表捐款，所以小镇的官员决定不在钟楼朝向这个居民住所的一面放置时钟，换句话说，这个有钱的居民试图搭便车，却被一脚蹬下来了。

然而政府为了防止一个居民搭便车，而给其他居民带来了麻烦，同时也造成了效率低下，因为多放置一个钟面的成本远远低于所有居民原本可以得到的便利。

钟楼所在的小镇成功阻止了搭便车的行为，不过这要是座用敲钟来报时的钟楼，又该如何阻止搭便车者呢？

再回头说说球场周围居民搭便车的事。芝加哥著名的棒球队小熊队主场瑞格利球场，周边的房子顶上全是搭便车的座位，每当瑞格利球场举办比赛，周围的居民不但邀请朋友来免费看，甚至还向别人卖门票。球场的老板忍无可忍，终于在2002年开始采取行动，他们想要增加一些挡风的设施阻止居民观看比赛。周围的居民也不示弱，他们说："我们可不一定要看你的比赛，但是你建的挡风设施挡住了我们的视线。"后来双方打起了官司闹到了法院，最终达成和解协议，和解方案是居民向球场交纳门票收入的17%作为回报，球场也同意居民成规模地修建他们的看台和座椅了。

04

博弈：人性中的经济学

和所罗门王较劲的经济学家

所罗门是个智慧的国王，《圣经·列王纪》就记载着所罗门王判案的故事。

有两个妇人同住在一间屋子里，其中一个生了孩子，三天以后，另一个也生了孩子。有天夜里，一个妇人翻身时不小心把自己的孩子压死了，但是她不露声色，悄悄把自己的死婴换成了另一个婴儿。而另一个母亲到了喂奶时，才发现孩子死了。她仔细观察，发现这个婴儿并不是自己的，而自己的孩子却在另一个妇人怀中。

两个母亲都说活着的孩子是自己的，可是屋里也没有第三人，谁也说不清，两人争执不下，便来到了所罗门王这里。

接下来的故事大家都知道，所罗门王说，拿刀来，把孩子劈成两半一人一半。真正的母亲大哭道：我不要自己的孩子了，让她拿去好了。于是所罗门王断定她才是孩子真正的母亲。

所罗门王所运用的当然不是什么神的智慧，而是经济学的博弈论中称为“分离均衡”的方法，运用人性（无私的母爱）来设置一种机制，从而达到区分真假母亲的目的。

经济学家对这个判决很感兴趣，因为这个故事中包含了博弈论，机制设置和契约理论多种经济学常识。爱较劲的经济学家又提出一个新的问题，如果那个假母亲识破了所罗门王的意图，也哭哭啼啼说不要这个孩子，那么有什么好的办法来继续这个判决。

美国经济学家摩尔设计了一种拍卖机制，让两个母亲轮流出价，同时每一轮出价还有一个罚金。在两人经济条件差不多的情况，真母亲会不顾一切倾其所有去竞拍，那么假母亲会意识到这点，于是放弃无谓的竞价。

不过这个设计中还是存在问题，比如恰好假母亲非常有钱，她能够出更高的价格拍下这个孩子；还有一种可能，即便这两个母亲条件相当，假母亲不愿意在竞价中落下风（或者是害怕受到所罗门王的惩罚），也愿意倾其所有去竞拍，那该如何是好？

因此，要区分真假母亲必须有一个更昂贵的信号。

两位美国经济学家帕尔弗雷和斯利瓦斯塔瓦曾在《计量经济学》杂志上提出一个新的判决机制：让两个母亲互相隔离，在不了解对方答案的情况下回答一个问题——谁是孩子的真母亲。如果两个人的回答一致，那么孩子就归这个母亲，而一旦两人的回答有矛盾，都声称自己是孩子的母亲，那么对不起，两个人全部砍头。

在这里，说假话的代价就是掉脑袋。假母亲明白真正的母亲强大的决心，自己的选择要么放弃不属于自己的孩子，要么一起掉脑袋，所以她无论如何不会冒险声称自己也是孩子的母亲。

不过这两个经济学家在这个机制还引入了其他附加条件，比如说出谁是孩子母亲的声音大小等，其实这些反倒完全不必要。

所罗门王判决的故事关键在于两个母亲是信息对称的，她们都知道谁才是真正的母亲，而亲生母亲为了孩子又会不惜代价，因此，当面临高额的代价时，假母亲必然会选择退缩。

苏格拉底死刑疑云

公元前399年，雅典进行了一场对苏格拉底的审判，关于这次审判有很多记载，描写苏格拉底的审判和死亡的4部对话录《欧泰弗罗篇》《自辩词》《克里多篇》《斐多篇》都作为悲剧而流传下来。

在整个审判过程中出现了一件令人费解的事情。苏格拉底审判法庭是由500名来自社会各阶层民众的陪审员组成的。这类刑事审判一般会投两次票，第一轮是要表决被告是否有罪，如果判定其有罪，陪审团还要在量刑上再投一轮票。如果正反票数相等，表决按有利于被告的方式解决。

在第一轮苏格拉底是否有罪的投票中，陪审团以280票对220票表决他有罪。然而在第二轮对苏格拉底处以流放或死刑的投票中，陪审团以360票比140票判他死刑。换句话说，原来认为他无罪的人中竟有80个转而投了他的死刑票。

斯东是美国著名报人，为了研究这个问题，他花费了10年时间遍读了希腊文学和经典著作原文，他对此给出的答案是：在第二轮投票中，苏格拉底故意惹恼了陪审团，比如在第二轮投票中，苏格拉底狂妄地建议刑罚应该是宣布他是公民英雄，在今后余生中由市政府免费供他一日三餐。

这或许有些道理，年迈的苏格拉底的确一心求死，然而这个理由有一点仍然无法解释通，事实上在第一轮投票中苏格拉底已经口出狂言，他当时自称非同常人，还宣称神谕说他是世界上最贤明的人，而其他人无论是政治家还是诗人，都是一些蠢蛋。也就是说，在第一轮投票中那些判他无罪的陪审员已经容忍了他的狂妄。

假如我们使用行为经济学来解释这件费解的事，可以得到全新的答案。

传统的经济学一直认为，人们的选择有明确的“偏好顺序”，比如你对甲的偏好大于乙，对乙的偏好大于丙，那么你对甲的偏好一定大于丙。然而美国俄勒冈州立决策研究所的保罗·斯洛维克等人在拉斯维加斯赌场用真实的金钱进行了一连串的实验，证实了著名的“偏好反转”，即人的偏好顺序会打乱。该实验结果引起了查尔斯·普洛特和大卫·葛林纳两位美国经济学家的注意。他们原打算教训一下擅闯经济学领域的心理学家，没想到他们的打算落空了。他们不仅无法通过实验推翻这种奇妙的矛盾现象，反而更加有力地证实了该现象的根深蒂固。

偏好究竟是如何反转的？举个生活中的例子：假设你有一辆汽车，因为已经开了很多年了，经常这里或那里会有点小毛病，于是你决定买一辆新车。

基本款的新车要30万元，如果加装智能导航和自动泊车功能，能让你开车停车更方便；如果选择有天窗和真皮座椅的，会让你感到更舒适；如果增加排量，车的引擎动力会更强，但是如果这样，七七八八算下来，车价就达到40多万元。

你想了半天，最后说：算了算了，还是回家再想想，再把旧车开上一段时间吧。

在这个例子中，人们对基本款新车的偏好大过旧车，对加装各种配备之后的新车的偏好大过基本款新车，可是当旧车和加装各种配备之后的新车放在一起时，人们又却选择了旧车，这与传统经济理论的结论正好相反。

行为经济学家认为，之所以产生“偏好反转”，只因为“框架效应”的作用，不同的选择是在不同的框架下做出的。旧车和基本款新车、基本款新车和配置更完善的新车之间的选择都是在汽车质量和舒适的框架下做出的，配置更完善的新车和旧车间的选择则是在支出价格的框架下做出。

同样在苏格拉底审判的第一轮中，有一部分陪审员在选择苏格拉底有罪或无罪时，他们的偏好是无罪；但是到了第二轮选择将他流放或是判死刑时，他们的偏好反转了，是因为他们做出决定的框架变了，第一轮的框架是是否正义，第二轮的框架则是怎么样才是苏格拉底最好的归宿，他们或许认为这个风烛残年的老人不应该再忍受流放之苦，死反而是更好的选择，于是先前投无罪票的陪审员在这轮中偏好反转了，他们选择了判处苏格拉底死刑。

辛普森案件中的血迹

1994年6月17日，所有的美国人都被吸引到了电视机前，因为电视台正在直播警车追逐杀人疑犯——著名黑人橄榄球运动员辛普森的实况。

1994年6月12日深夜，洛杉矶西部一豪华住宅区里，一只小狗在不停地狂吠，这引起了邻居家的注意，接着人们在一住宅门前发现两具血淋淋的尸体。女死者后来被证实是辛普森的前妻妮克·布朗·辛普森，而她旁边是餐馆的侍应生高曼。两人浑身血迹，均被利器割断喉咙而死。死亡时间是晚上十点多。

案发后次日凌晨，4名警察来到辛普森住所，在门外发现辛普森白色的福特野马汽车染有血迹，车道上也发现有血迹。按铃无人回应后，侦探爬墙而入，一名警员福尔曼在后园找到一只染有血迹的手套和其他证据。

6月17日，辛普森的律师准备陪同被警方列为嫌疑人的辛普森回警察局时，发现本来在楼上休息的辛普森已不知去向。随后全国观众在电视上看见了难忘的镜头：天上直升机队，地上巡逻车队全面出动，几小时终于发现辛普森的白色小车。几十辆警车在洛杉矶公路上展开追逐，辛普森手持手枪以自杀为要挟，而洛杉矶警局出人意料地克制，护送他回到家，辛普森家外早已被他的支持者和围观群众围得水泄不通。

辛普森案件的整个审判过程都通过电视台进行了转播。《黑天鹅》一书的作者纳西姆·尼古拉斯·塔勒布回忆说：当时我们正在交易室里，电视机开着，有位律师辩称，洛杉矶至少有4个人会带有与辛普森相同的DNA，按照当时的洛杉矶有200万人口计算，即便是辛普森的DNA和凶杀现场的DNA符合，辛普森依然有50万分之一的概率不是凶手。然而这种说法忽视了联合概率，塔勒布不由对律师的说法感到厌恶，于是关掉了电视机，这也引来了其他交易员的不满。

塔勒布解释说：关于联合概率，不论是陪审员、律师还是普通人都很容易误解，因为他们不了解证据相乘效果。假如一个人中了彩票大奖，同一年他又出了重大车祸，假设两者概率各为10万分之一，则两者同时成立的概率为100亿分之一，也就是把两个显然独立的证据相乘。

从血型的观点称辛普森有50万分之一的概率不是凶手，律师借此辩称，洛杉矶有4位这种血型的人，然而辛普森是被害者的丈夫，再加上其他的证据，由于这些相乘效果，对他不利的概率则会大大提高。

我们对于概率认知会有各种各样的误区。下面我们来看一下2002年诺贝尔经济学奖得主丹尼尔·卡尼曼的一个问题：有个女士名叫琳达，31岁，她是一位直率又聪明的女士，主修哲学。在学生时代，她就对歧视问题和社会公正问题较为关心，还参加了反核示威游行。

下面两种情况哪种可能性更大？（1）琳达是银行出纳；（2）琳达是银行出纳，同时她还积极参与女权运动。

卡尼曼在好几所重点大学重复进行了这个测试，结果有85%~90%的大学生选择了第二个选项。

卡尼曼和他的长期合作者阿莫斯用“合取谬误”描述了这种现象，当人们没能运用明显相关的逻辑原则时，就会出现“谬误”。

即通过直接比较，人们总会认为两个事件（在此即为银行出纳和女权主义者）的联合出现比只出现一件事（银行出纳）的可能性要大，此时就出现了“合取谬误”。

卡尼曼还揭示了人们对概率做评估时，很容易受到典型性的影响，而忽视了事物的基础比率。比如你看见一个人在纽约地铁里阅读《纽约时报》，下面哪种情况和这个读者更吻合？（1）她有博士学位；（2）她没有大学文凭。

典型性会告诉你应该选有博士学位，但这样做并不一定明智，你应该充分考虑第二个选项，因为在纽约的地铁里更多的是没有大学文凭的人，而不是有博士文凭的人。选择她有博士，就是忽视了基础比率。

在辛普森案件中，辛普森的律师团通过质疑此案最有力的证据、证词中最薄弱的环节，使得目击者的证明和检方的证据不值得被相信，最后辛普森得以宣判无罪，这其中，陪审团对于概率的错误评估也起到了一定的作用，否则在这么多证据的指向下，辛普森不会那么轻易脱身。

大富翁和绑匪的谈判

电影《树大招风》中有一段情节：大贼王卓子强（陈小春饰演）绑架了大富豪的儿子，他神态自若地来到大富豪的家中进行讨价还价。这段故事取材于真实事件，1996年李泽钜遭悍匪张子强等人绑架，而张更是大摇大摆走进了李嘉诚家中进行谈判。

今天我们看张子强当时留下的口供，会感到在这场讨价还价中，张李两人都是博弈论的高手，虽然一个是悍匪，一个是华人首富。

张子强打电话说：为了表示诚意，我亲自到府上来谈，欢迎吗？李嘉诚吃了一惊，随后说：非常欢迎，请问什么时候到？我们随时恭候。

张子强大大方方进了门，第一句话是：李先生，请把你家的警察交出来吧。李嘉诚笑道：我做了一辈子的生意，没有什么特别成功的经验，但有很深的体会，就是做人要言而有信。张先生如果不相信这一点，我领你看。

李嘉诚带着张子强参观了豪宅，每一扇关闭的门都打开给张看。张很满意，于是两人回到客厅开始谈条件。

普林斯顿大学经济学教授阿维纳什·迪克西特说：在博弈中，要让策略行动变得可信，声誉是至关重要的。一般情况下，你会在同一时间和很多不同的对手开展多个博弈，或者在不同的时间和同一个对手开展多次博弈。你未来的对手会记着你过去的行动，也可能对你的行动有所耳闻，因此，你有建立声誉的动机，这有助于使你未来的策略行动显得可信。

牛津大学的社会学教授狄亚哥·甘贝塔在对西西里黑手党的研究中，考察了其成员如何建立和维护一种“强硬”的声誉，使得他们的威胁可信。他说：戴墨镜是没有用的，西西里口音也没什么用，唯一真正有用的是一份实施强硬行动的记录，包括谋杀。

张子强的犯罪史，包括他的同伙在街头和警方发生的枪战，使得他“强悍”的声誉可信，因此他大摇大摆一人前往李宅也是强化这种“声誉”。而李嘉诚的“声誉”来自其商业生涯，正如他说的：我做了一辈子的生意，没有什么特别成功的经验，就是做人要言而有信。

接下来进入讨价还价的阶段。张说：李先生富可敌国，我们也不狮子大开口，受弟兄们委托跟李先生借个20亿吧。

在这个谈判中，张子强使用的是“边缘政策”（brinksmanship）的策略。为了使对手先动摇，先把他带到灾难的边缘，站在危险的边缘，你威胁说如果对方不遵从你的意愿，你就把他推下去（撕票），当然，你也很可能被他带下去。

同时张子强的策略采用的是（吓阻性）许诺——只要你守信用，我就放人，而不是（强迫性）威胁——你不给钱我就撕票。尽管两者的界线只是取决于你怎么称呼当前的情形。但许诺表面上让对方这样有身份的人更能够接受。另外根据“锚定效应”，首先开价将处于有利局面，因为之后的讨价还价都将围绕这个价格展开。

李嘉诚也是谈判高手，他使用的是解决博弈困境的清晰性原则，因此，他给出的答案是最清晰简洁的，而不是复杂和含糊不清的回答，以避免对方做出非理性的计算，或者根据直觉行事。

李嘉诚说：我就是给你这么多，恐怕也提不了现。我不知道香港的银行能不能提出这么多的现金。你看这样好不好，我打个电话问一下？随后银行高管在电话中告知，最多只能提10亿现金。为了表示自己的诚意，李嘉诚愿意把家里放着备用的4000万现金全部交给张子强。

麻省理工学院的经济学教授戴维·麦克亚当斯说，（这种情况下）从一开始，卖家的承诺就强迫你先进行选择（先给钱，后放人），因此你无法欺骗对方。任何承诺都涉及两个关键因素——可观测性和可信度。“后决策的人”可以观测另一方的行动，并做出反应。

于是，张表示接受。就这么几分钟时间里，俩人把价格谈妥了。最后，张子强获得10.38亿港币，对李嘉诚来说，相比儿子的命，这点钱不算什么。对于绑匪，更是欢天喜地。

张子强离开之前做出了承诺：我记住了李家的言而有信，你也记住我言而有信，我保证，我及这个组织从此不会骚扰李家人。

在一个天大的坏消息之后给一个好消息，张子强无意间运用了诺贝尔经济学奖获得者卡尼曼和特沃斯基的前景理论——让好消息带来的快乐就不至于被巨大的坏消息带来的痛苦淹没。

当晚，绑匪就放了人。再后来，多行不义必自毙，张子强在内地落网。

相约帝国大厦

美国广播公司（ABC）在一档叫作《生活：博弈》的节目中做过一个实验，将6对互不相识的人带到纽约市的不同地方，让他们找到其他几对。这些人之间没有任何联系方式，除了知道其他几对也要在同样的情形下寻找他们之外，其他情况一无所知。

那么怎么样才能找到对方呢？每一对都会考虑他们认为哪里是明显的见面地点，同时还会考虑其他几对他们会如何认为。这就是一种博弈：我认为他认为我认为……

2005年诺贝尔经济学奖获得者托马斯·谢林提出了“聚焦点”的概念，对于两人（多人）独立的思考和行动，成功选择出的均衡点必须对每一方都是显然的，这才是恰当的选择。如果每一个参与者的期望均汇合于这个均衡点，那么我们就称它为“聚焦点”。

博弈是否有聚焦点取决于很多情况，包括参与者们重大的共同经验，这可以是历史的，也可以是文化的、语言的。

把人投入纽约的茫茫人海中，偶然遇上的机会非常渺茫，如果人们想找到另一些同样要找到自己的人，聚焦点就十分重要。首先是时间的聚焦点，正午是个明显的聚焦点，每个人的期望几乎是本能地汇合于这一点。那么地点呢？纽约可是有很多地标的。

在这里不得不提电影《西雅图夜未眠》，该电影讲述了一个丧妻的男子在小儿子的帮助下，通过广播节目找到了伴侣的故事。在电影的结尾，主人公山姆在帝国大厦的楼顶遇到了安妮，有情人终成眷属。

《西雅图夜未眠》是如此深入人心，国产电影《北京遇上西雅图》就用了帝国大厦顶见面这个经典桥段。帝国大厦虽然也是纽约的若干地标之一，但是它有一个特殊含义，就是“找到另一半的地方”。

正因为这部电影人人皆知，所以它很容易成为博弈的“聚焦点”。在实验中，6对中有3对把见面的地方定在帝国大厦。剩下的3对则选择了时代广场，因为他们认为时代广场是“世界的中心”。而在时间这一点上，每一对的聚焦点都相同，全部选择在了正午。

实验的结果，6对最后全部聚集在了一起（去帝国大厦的人最后和去时代广场的人聚集），不过这里也有些小插曲，比如帝国大厦其实有两个不同水平高度的瞭望甲板（真实世界中山姆和安妮有可能去了不同的甲板错过姻缘）。

如果在我生活的城市杭州聚焦点应该在哪里呢？这个答案很可能是断桥，因为断桥是许仙和白娘子相遇的地方，这个独特的传说使得它成为聚焦点。有个真实的故事，曾被BBC拍成纪录片：有一对杭州附近的夫妻因生计所迫丢弃了初生的女儿，在襁褓里他们留了一份书信，希望10年或20年后的七夕这天还能相会。20年后，一家人终于在断桥上团圆……这对夫妻做错了很多，但他们选对了聚焦点。

逼到角落中的人性

英国有一档热门竞猜节目叫《金球赛》，节目的最后一个环节是“平分或偷走”（split or steal）。也就是当答题轮结束后，两名选手需要决定累积奖金（数额有时会高达10万英镑以上）如何分配。

奖金分配的规则是这样的：两位选手需分别暗自进行二选一，即“平分”或“偷走”。如果双方均选择平分，累积奖金就会在两人之间平分；如果一人选择平分，另一个人选择偷走，那么选择偷走的人可得全部奖金，而另一人空手而归；如果两名选手均选择偷走，那么两人均分文不得。

在做选择时，两个选手可以有30秒时间面对面地交谈，谈论自己打算如何选择。

两名选手在简短的谈话中，都想让对方相信，选择偷走这件事自己想都没想过，因为这样会遭到数十万电视观众的唾骂，让他们背负难以洗刷的骂名，然而很多选手信誓旦旦的，几秒钟后，他们就选择偷走。

这则节目吸引了很多经济学家的关注，他们看到了很多节目以外的东西。

美国行为经济学家理查德·泰勒曾研究过三年共287期节目，他发现，年轻人大多不会选择“平分”，所以千万不要相信未满30岁的参赛者。虽然在这个节目中的承诺是博弈论中所谓的“空话”，但是如果有人明确承诺自己说的是真话，那么他没有撒谎的概率将高出平均概念30%。

另一位研究者阿夫纳·卡莱也同样查阅了几年间数百期节目，对出现的结果频率进行了统计，他惊奇地发现两名选手同时做出同一选择的频率很高，也就是说，（平分/平分）和（偷走/偷走）这样的选项经常出现，而（偷走/平分）和（平分/偷走）却不常出现。

为什么会出现这种情况呢？

在对话环节中，尽管两人都声称打定主意要选平分，但他们的真实目的却是在对话过程中一边揣摩对方的心思，一边做出自己的决定。

人类准确判断情感的本领，比我们想象得更厉害，比如我们多数人都很善于识别假笑，假笑调动的肌肉群和油然而生的笑容迥然不同。早在人类认知能力进化的初期，从他人面部识别情感的能力就形成了。若是看不出别人是否喜欢或厌恶自己，我们的繁殖机会会大受影响，社交能力也会受限。识别对方心思这种能力，对我们的生存至关重要。

正因为如此，在“平分或偷走”节目中，完美骗过对方的概率很低，这导致双方的选择项会趋同。

这个节目最经典的桥段是在易卜拉欣和尼克两个选手中产生的（我们今天能够在网上轻易找到这段视频）。当时他们的奖金总额有13600英镑，在两人简短商量时，尼克斩钉截铁地做了一个惊人的决定：我一定会选择偷走，但是我保证，节目结束后，我会和你平分奖金。

易卜拉欣大为恼火地说：为什么不选择平分呢？如果我也选择偷走，大家半毛钱也拿不到。

主持人也从没听到这样的言论，不由插话说：这种承诺并没有得到节目组的授权，节目也不会对此做出保证。

尼克态度坚定，易卜拉欣显然非常生气，他愤怒地问尼克："你的脑子究竟长在哪里？"尼克却笑笑地指了指自己的头。

当主持人催促两人做出最终选择时，易卜拉欣好像极度怀疑尼克的承诺，突然放弃了他之前选择的那个球，而是拿起了另一个。

谜底揭晓了，全场的观众都看到了结果：两人都选择了"平分"！易卜拉欣惊讶地看着尼克，场下掌声一片。

尼克在这里玩了一点博弈论的小技巧——"边缘政策"，尼克的策略是故意创造风险（对方可能一分也拿不到），把对方逼到角落，从而迫使对方遵从你的意愿，虽然尼克压根没想偷走这笔奖金。

故事到这里结束了，不过它还有一个小小的插曲。美国国家公共广播电台有一档名为"广播实验室"的节目，专门为这期的《金球赛》制作了一期节目。主持人问易卜拉欣，他当时是怎么想的，易卜拉欣回答说，他当时其实打算选择"偷走"，但最后关头改变了主意。

主持人提醒说，你在节目中说了一段慷慨激昂的话，大致意思是你的父亲曾经告诉你，一个男人说话应该算数。

易卜拉欣回答说："哦，那句话啊，事实上，我从未见过我的父亲，我只是觉得这段话会很感人。"

人性真是一件诡异而有趣的东西。

激励机制怎么不灵了

我家小区门口的那条马路上违章停车非常普遍，不过如果一段时间常有交警来贴罚单，这种乱停车现象就会一下子好很多。很多时候，罚款或者奖励这些激励机制会起很大作用，但现实世界中，它们并非回回奏效，有时还会适得其反。

以色列经济学家尤里·格尼茨的女儿在特拉维夫一家最好的幼儿园上学，园长是一位叫作丽贝卡的女士。不知为何，每天下午来接孩子的家长中总有一些人会迟到，丽贝卡女士非常不满这种状况。有一天她宣布，该幼儿园开始对接孩子迟到超过10分钟的家长处以罚款，罚款的额度是10以色列谢克尔（约合3美元）。

那么接下来，家长的迟到状况改善了吗？结果恰恰相反，更多的家长在接孩子的时候迟到了。为何会如此呢？丽贝卡的政策实际上是把家长迟到的代价量化了，也就是3美元。很多家长觉得以这个价格获得一段额外的托管时间挺划算。下次，当他们忙于工作或者在沙滩上休闲以至于接孩子可能迟到的时候，他们就不会再像过去那样疯狂飙车赶去幼儿园了。反正他们已经不用看丽贝卡园长的脸色，而只需缴纳3美元的罚款，这样就不必充满内疚感了。

尤里受到这件事情的启发，对以色列的10家幼儿园进行了为期20周的研究，看看小额罚款对家长接送孩子会产生怎样的效果。实验的结果是在实施了罚款措施的幼儿园里，家长迟到的次数显著增多，即使这些幼儿园取消了罚款措施以后，家长迟到的概率仍高于其他幼儿园。

罚款会适得其反，那么奖励机制呢？

美国经济学家丹·艾瑞里等人曾在麻省理工学院的学生中进行过一个实验，他们把实验分成两种情况对比，一种需要认知能力（数学题运算），另一种需要简单操作（快速敲击键盘），每种实验都分成两次，一次奖金较低，一次奖金较高。

实验的结果是，如果手头的工作仅仅是敲击键盘，奖金越高成绩也越高。但是一旦工作需要认知能力（计算数学题），高额奖金就会对成绩造成负面效果。也就是说，对于简单的机械操作类工作者发放高额奖金可以提高其业绩，但对于从事脑力工作的高管（如果他们的确是在用脑子工作），发放巨额奖金，效用比我们预想的要差得多。

如果奖金金额太高，会使人过度关注奖励本身（整天想着游艇和豪宅），到头来反而可能降低他们的业绩。美国犹他大学的教授迈克尔·库珀等人分析了1500家市值最高的公司，同时还研究了在较长时期内(1994年至2013年)，以3年为一个时间段的薪酬与公司业绩之间的关系，他们吃惊地发现，CEO薪酬越高，公司在接下来3年里的表现就越糟。

库珀的调查显示，如果CEO薪酬处于前10%的公司，这些公司的股东回报比同行少10%；而若CEO薪酬处于薪酬范围的前5%，公司业绩更是比同行平均差15%。因此向那些高管支付天价薪酬是毫无意义的事情，除非他们的工作只是砌砖。

腐败的投名状

南北朝时期，梁武帝的六弟萧宏权倾朝野。萧宏家里有多间常年闭锁不开的库房。梁武帝得到密报，说那些秘密仓库里面堆满了兵器，萧宏在等待机会起兵篡位。

一天夜里，萧宏家里一群不速之客前来造访，为首的就是梁武帝。两兄弟饮酒到了半醉之后，梁武帝忽然脸色一沉，说我想看看你的库房里有什么东西，然后不等萧宏答应就命侍卫砸开后院的30多间仓库。

仓库里没有兵器，却堆满了金银珠宝。每十万钱装一个箱子，每百万钱再贴一道黄纸，每千万钱再贴一道紫缎……钱多得简直就像是银行的库房。面对目瞪口呆的皇帝，萧宏心一凉，想贪腐事发，这下彻底完蛋了。不料梁武帝紧锁的眉头忽然缓和下来，淡淡地说了句："还是六弟会打点生活啊。"然后，两兄弟继续喝酒，尽欢而散。

在封建王朝，官员贪腐成性。然而那些朝代的举报制度严密，惩罚贪腐的律法更是惊人地严苛，贪污腐败却仍然屡禁不止。如果我们把这种现象放到博弈论的框架下去看，会得到一些不同的答案。

在梁武帝的故事中，从博弈论的信号发送机制来说，萧宏通过自己的贪腐成功地发送了忠诚的信号，说明自己只对钱感兴趣，对权力没有兴趣。他的巨贪保护了自己。

专制社会中，官员的全部命运掌握在上司的手中，上司可以决定他的升迁乃至生死。如果你要在官场上混，让上司相信你不会篡位或没有政治野心是至关重要的，你如果是完全忠心于他，你必须发送“可置信”的信号，那么怎么来说明你是忠诚的呢？

如果你清正廉洁，这样你就有好的声誉，一旦你上位成功，那么好声望就会让你有强有力的群众基础。还记得《史记》为什么有鸿门宴这一出吗？范增说刘邦“沛公居山东时，贪于财货，好美姬。今入关，财物无所取，妇女无所幸，此其志不在小”。不贪财不好色，那不就是野心勃勃吗？

相反，当你的名声很糟糕时，即使你想上位，也会因为没有很好的群众基础，很难得到大众的支持，这样你有野心的动机也会比较小。这点上萧何就是个明白人，他一生简朴，为百姓所爱戴，却在刘邦死的那年死不要脸低价强买百姓田地，与民争利，而这样做的原因不是为了钱，而是为了自毁声誉，好让皇帝“安心”。

稳定的王朝就是在封建官僚和黎民百姓之间合理地分配财富，既要保证黎民不被齐颈深的“水”淹没，又要保证封建官僚有维持王朝统治的积极性。因此，打击贪腐从来不会是封建统治者的重点，维持统治才是。

在封建社会中，贪腐在某种意义上，就是向上司交了投名状（尤其当上司本人也是巨贪的时候），说明你没有政治野心，因为你成功的机会很小，同时你把关系生死的把柄放在他的手中。这种信号无疑是可置信的，但同时也是让人悲哀的。

汽车的安全装置没用吗

经济学看问题的角度常常和大众大相径庭，比如在汽车安全装置这件事上。

1965年，美国作家拉尔夫·纳德尔出版了《任何速度都不安全》一书，书中呼吁人们对汽车设计予以关注。纳德尔认为眼下的设计让人们驾车的危险超出了必须承担的界限。该书引发了广泛的关注，美国国会很快做出了回应，并出台了一系列汽车安全法规，要求汽车配备安全带、软垫仪表盘、折叠式方向盘柱、双回路制动系统以及钢化挡风玻璃。

毫无疑问，当车祸发生时，汽车里的人会更安全，并大大降低了伤亡的概率，从这个意义上来说，安全带等安全措施的确拯救了很多人的生命。

然而到了20世纪70年代中期，美国芝加哥大学的经济学教授萨姆·佩兹曼提出了一个让人大感意外的观点，他做了广泛的调查，发现这些安全装置一方面大大降低了司机的伤亡率，而另一方面，却间接怂恿了莽撞的驾驶行为，增加了司机的死亡率。

佩兹曼发现，这两种影响几乎是对等的，可以互相抵消，事故增多了，每次事故司机死亡率降低了，但是死亡率总体却仍维持不变。另外还出现了一个意料之外的负效应，由于汽车更坚固，速度更快，这导致了行人的死亡率大增。

对于为何会产生这种现象，经济学家用激励反应做出了解释：

当政府意识到增加汽车安全装置可以减少车祸伤亡人数时，出于安全的考虑，就选择了强制性配备安全装置的措施。而这些强制性的手段让所有驾驶员产生了激励反应，即驾驶行为发生了变化，比如系安全带。但是更安全的汽车还带来另一种潜在的激励，即司机心理上有了更强的安全感，他们不再会像从前那样小心翼翼地驾驶汽车了。

在现实世界中，人们总是会对各种激励做出反应，人们行为的变化实际上就是一种激励反应，比如20世纪七八十年代比约·博格统领世界网坛时，瑞典政府对其收入征收很高的税金。博格既没有游说瑞典政府降低税率，也没有在报纸上撰写有关税收在经济中作用的文章，而仅仅是移居摩纳哥，因为在那里税收负担要低得多。

不过也有很多人对萨姆·佩兹曼的研究存有异议，认为他的研究没有考虑到一些复杂的变量，比如驾驶员的技能、汽车的机械状况、事故是发生在高速公路上还是在当地街道上、司机是正在上下班还是在休假等。由于对事故死亡人员进行控制实验非常困难，因此这场争论持续了数十年。

这场争论直到2007年才结束。2007年，美国经济学家拉塞尔·索贝尔和托德·内斯比特发现了控制所有这些因素的完美方式。他们巧妙地确定了一个场所，在该情形下所有的汽车和驾驶员都经历了几乎完全相同的条件，对驾驶员来说唯一重要的事情就是到达目的地更快一点点，这个场所就是美国纳斯卡车赛。

在这种情况下，索贝尔和纳斯比特发现，每当有新的安全装置被推出时，事故数量实际上都增加了，驾驶员通过相应地调整其行为的风险偏好来适应新的安全措施，因而越安全的汽车装置反过来推动了司机更冒险的行为。

更安全的汽车并没有带来更安全的结果，这个恐怕是很多人始料不及的。

触电事故背后的真凶

执业许可证广泛存在于各行各业，它保护我们上医院看病不会遇到无证游医，上学受教育不会遇到不懂教育的门外汉，汽车驶过的桥梁不会是由非专业人士设计和建造的豆腐渣工程。不过在经济学的世界里，执业许可证则没有那么完美，它还会产生一些意想不到的状况。

美国田纳西大学经济学教授西德尼·卡罗尔和阿拉巴马大学伯明翰分校的教授罗伯特·加斯东发现了一件奇怪的事情。在美国对兽医行医资格有最严格限制的州，狂犬病的发病率较高；在对电工执业许可的法律限制最严格的州，触电伤亡事故率较高。

这可能和我们想象的不一样，兽医越专业，我们越不容易得狂犬病才对；电工越专业，我们越不会触电，那上述的现象为什么会发生呢？

欧洲工商管理学院的戴维·杨解释说：大多数的证据表明，许可证最多只能对产品质量产生中性影响，甚至可能对消费者造成伤害。执业许可证使得进入这个行业的成本更高，增加了该行业提供服务的价格，并减少了雇用的人数，其结果是产生“凯迪拉克效应”（Cadillac effect）。

有钱人会买凯迪拉克，而穷人则不大会。当执业许可证越来越难拿到时，相应的服务价格便会不断被推高，使得它像凯迪拉克车一样昂贵和奢侈，消费者要么以高价购买高质量从业者的服务，要么根本不购买服务。因此，一些消费者采用自己动手的方法，结果这些方法使得安全性大大降低，甚至低于没有许可证的情况。

当兽医的价格很贵的时候，人们就不愿给宠物打疫苗，也不会把生病的动物及时送往宠物医院，常常自己动手治疗宠物，结果使得狂犬病发病率增加；当请一个电工来安装线路的价格很高时，人们会觉得划不来，索性自己动手安装电线，结果使得触电事故大增。

美国经济学家劳伦斯·谢泼德的一项研究比较了美国承认州外许可证的州和不承认州外许可证的州之间的牙科服务平均费用。在控制其他因素后，他发现更严格的许可证使得牙科服务的价格和牙医的平均收入高出12%至15%。

相关数据还表明，牙齿卫生法规更加严格的国家在一项最重要的口腔健康指标上表现更差，即成年人因蛀牙或牙龈疾病而失去牙齿的比例，最严格的职业规定的国家失去牙齿的成年人数约为其他国家的两倍。

资格证的目的也许并不是像有些行业宣称的那样。在美国一些州，比如伊利诺伊，对获得教师资格的要求越来越高，当然，你也可以理解为对教师的质量要求越来越高，然而细读这些法律细则，你会发现，它们不会对当前教师有新要求，换句话说，那些想成为教师的人不得不参加额外的课程，并通过新加的考试，而现有的教师则不需要。增加成为教师的难度，那就会减少该行业进入者的数量，受益的显然是已经身处教育行业的人。

关于许可证还有一件奇葩的事情：有个叫丹·阿卜杜勒·乌科达的人在华盛顿特区经营一家美发店，乌科达的工作是将黑人女性的头发编织成数百根小辫子。然而就这么点小事，特区政府至少四次试图起诉乌科达无证经营。他们称乌科达必须在美容学校度过九个月，花费大约五千美元取得许可证。然而，这种培训对于乌科达及其员工来说毫无用处，因为学校根本不会教他们编织黑人头发的方法。

没有发出声音的狗

在柯南·道尔关于福尔摩斯的小说《银色马》中，有这样一段情节。夏洛克·福尔摩斯说："在那天夜里，狗的反应是奇怪的。"而巡夜人的报告则是"那天晚上，狗没有什么异常反应啊"。福尔摩斯提醒道："这正是奇怪的地方。"

狗向入侵者咆哮是很正常的，但是它没有咆哮，这并不是说明没有入侵者，也有可能入侵者是狗熟悉的人，因此福尔摩斯缩小了嫌疑人范围。

福尔摩斯说道："在解决这个问题以前，我了解到这条狗不出声的重要性，因为一个可靠的推论总会启发出其他的问题来。马厩中有一条狗，然而，尽管有人进来，并且把马牵走，它竟毫不吠叫，没有惊动睡在草料棚里的两个看马房的人。显然，这位午夜来客是这条狗非常熟悉的人物。"

在生活中，我们通常会关注听到的声音和发生的事件，而很少会关注那些没有发生的事情，没有发出的声音，正因为这个错误，常常会造成我们的认知错误。

1936年，共和党人堪萨斯州州长阿尔夫·兰登竞选美国总统，他的民主党对手是寻求连任的富兰克林·罗斯福。当时影响力很大的新闻周刊《文学文摘》，向订阅者以及能够从公共档案中查到地址的汽车和电话主人寄去了一份调查问卷，总共加起来有1000万美国公民收到了这份问卷，这个样本容量在当时算得上是天文数字了。最后《文学文摘》预测兰登将会以57%的支持率击败罗斯福赢得选举。

然而事实刚好相反，罗斯福获得了60%的选民投票以及多达46个州(总共48个州)的支持，以压倒性优势赢得了选举。《文学文摘》的预测为什么会失利，其原因就是他们的样本是典型的"垃圾"，该杂志的订阅者比普通美国人要富有，因此更有可能投票给保护富人利益的共和党，而1936年家中拥有汽车和电话的选民的实际投票情况也是如此。而普通的民众在这次调查中却没有发出声音。

《纽约客》的资深影评人宝林·凯尔也曾犯过同样的错误，她说：尼克松选举不可能赢，我认识的人都没有投票给他，事实上，尼克松最后赢得了选举，其原因是一个不合格的样本（宝林的自由派朋友圈）产生的误导性结论。

《纽约时报》曾说过一句精辟的话："数据本身并没有撒谎，只不过有些数字没有发出声音罢了。"我们之所以被统计蒙蔽，是因为我们没有看到另外一些数字。

如果你不幸患了前列腺癌，那么通常有三种治疗方法：手术移除前列腺、放射治疗、短程疗法（将放射性"种子"植入癌细胞集中区域），然而这种治疗常常带有副作用，研究人员对1000名男性的调查结果发现，治疗后性功能没有受到损害的，手术移除组占35%，放射治疗组占37%，短程疗法组占43%。

那么我们很容易得出短程疗法损伤最小的结论，事实上并非如此，因为有一组数字没有发出声音了，这就是愿意接受短程疗法的患者通常较为年轻，健康状况也较好。

当电台或者网上的民意调查得出某种压倒性的结论时，我们也必须保持警惕，因为主动参与民调的人，往往是对某个问题有强烈看法的人，那些直接利益相关的人更愿意打进电台来表达观点，另外就是拥有大量空闲时间的人，而大多数则从不会去填任何调查表格。

还有一个故事：柯南·道尔本人和他创造的福尔摩斯这一角色完全相反，他痴迷于超自然现象。J.B.莱因原来是芝加哥大学植物学博士研究生，在听了柯南·道尔发表的一场唯灵论的演讲之后，突然改变了事业的方向。1927年，莱因在杜克大学成立了通灵学实验室。

莱因最著名的一个实验是关于齐纳纸牌的，这副牌有25张牌，5种图案。在典型的实验中，一个人（发送者）洗牌，然后依次凝视注视每张牌。而另一个人（接收者）则通过所谓的感应努力识别每张牌。这个实验在全国被广为报道，很多普通市民购买10美分一副的齐纳扑克，在家中进行超感知实验。

庞大的数据支持人类的确具有"超感知"，1932年诺贝尔化学奖获得者朗谬尔却对此深感怀疑。他拜访了莱因的杜克实验室吃惊地发现，莱因正在丢弃一部分数据，他只选取对他有利的数据。同时朗谬尔还提到了一件事，他的侄子戴维和一群年轻人想要证实这个实验，一开始他们猜中的次数远远高于平均值，他们感到很激动，准备向莱因写信报告这件事。然而随着实验不断进行，他们猜中的次数又回到了平均水平，因此他们并没有给莱因写信。

这种选择性报告也叫"出版效应"，因为具有统计显著性的结果会被写进期刊和书籍，而不显著的结果则不会得到报告。莱因的实验正是忽略了这些没有发出的声音的结果，所以最终得出错误的结论。

怎样从表情判断社会地位

当我们判断一个人的财富和社会地位时，通常会通过对方的衣着饰品等外在事物。比如在电视剧《我的前半生》中，罗子君的妈妈看到贺涵的汽车时忍不住问，你的车得值一百万吧？当看到贺涵的豪宅时更是情不自禁赞叹起来。

不过有些时候，人们并不是通过这些来判断一个人的财富和社会等级，人类还有一种能力，就是通过面部来判断对方的社会地位，这听起来有点像"麻衣相术"。

来自多伦多大学的索拉·比乔恩斯多提尔和尼古拉斯·鲁尔在2017年5月的《个性与社会心理学》杂志上，发表了论文《我们的脸会显示我们是富有还是贫穷》，揭示了人类通过观察对方的面部来判断社会等级的能力。

索拉等人认为，当人们观察对方面孔时，可以通过若干线索来联想判断其社会等级。比如富有、有权力的人能够表达出更多的积极情感，而贫穷则会带来更多的抑郁和焦虑。

由于大家都知道财富和幸福之间的联系，甚至会高估这种联系，自然就会把积极的面部表情和社会等级联系在一起。此外，社会等级还和健康状况有关。穷人更不健康，而观察者可以通过观察面部准确判断对方的身心健康状况，这一点也可以作为判断社会等级的线索。

看看简·奥斯汀是如何在《傲慢与偏见》中描述两个富二代的："宾利先生外表很漂亮，而且具有十足的绅士风度。他面容怡人，态度轻松和蔼……他的朋友达西先生，却因为秀雅高挑的英俊，和高贵的风度，把一屋子人的注意力全都吸引了过来。"看来表情和风度的确暗示着财富。

研究者还通过实验探究了能否通过面部图片判断社会等级，当被试者仅仅通过第一印象判断面孔的主人是贫穷还是富有时，结果显示，判断准确率显著高于随机水平。

接下来，研究者给实验者呈现面孔的不同区域，结果证实眼部和嘴部最能暗示社会等级，尤其是嘴部提供的信息最能指示出该人的社会等级。俗话说“嘴角翘不是骑马，就是坐轿”，或许是有一定道理的。

在另一个实验中，研究者操纵了图片中的面孔，使他们呈现出更多笑容。结果显示，不论原本是贫穷还是富有，微笑的面孔看上去的确更加富有。而当所有的面孔都在微笑时，被试者对社会等级的判断也受到了干扰，不再高于随机水平。

那么，这种基于面孔的判断又会给人们的生活造成什么样的影响呢？

当被试者对面孔的社会等级做出判断后，还被要求判断这些面孔的主人在求职时是否可能得到雇用。结果显示，被评价是富有的面孔也会被认为更可能得到雇用。这一结果说明，基于面孔的社会等级判断还会对其他社会信息判断产生一系列影响。

因此，保持微笑不但让你看上去有更高的地位，还会在生活中给你带来实际的利益。

菜单里的隐藏信息

假设你此刻正在美国某个城市的餐厅，你略懂英文，但是对当地的饮食文化和价格水平却不甚了解，你的面前只有一张菜单，你能从这张菜单上得到什么信息呢？

当菜单上出现了长长的你无法看懂的词，这对你的钱包不是个好消息，通常这是价格偏高的信号。英文中许多长单词都是源于法语和拉丁语，这两门都是在历史上地位很高的语言。虽然菜单上的长词汇给了你一个学词汇的机会，但少见而冗长的高格调单词在高价餐厅的出现频率也更高。比如“配菜”这个词菜单上用的是accompaniments而不是sides。

斯坦福大学语言学和计算机学教授任韶堂的研究团队通过6500份现代菜单，总共包括65万道菜的数据研究发现，高价餐厅菜单的每个单词平均比低价餐厅长0.5个字母，菜品描述中单词的平均长度每增加一个字母，这道菜的价格就会上升18美分。

接下来我们来仔细看看菜单中关于菜品的地域描述。如果这些描述强调这道菜的异域风情或者香料啥的，你可得小心，任韶堂的研究团队发现，如果有“具有异域风情的混合印度香料”或者“具有异域风情的埃塞俄比亚香料”，或者仅仅是“罗望子鱼汤配异域蔬菜”之类的词，每使用一次“异域的”或者“香料”，价格就会上升一次。

这个道理很好理解，比如我是杭州人，知道有哪些餐馆特别有本地风味，而那些在旅游景点写着大大的“杭州风味”的餐馆我则绝不会去，因为这些餐馆通常是针对游客的，不但价格高味道也不会十分正宗。同样如果在泰国，那些门口装饰着石雕大象，里面有金灿灿的佛像的泰国餐厅，通常也只是针对外来食客。因此所谓“异域风情”或者“东方风情”通常瞄准的是外地食客，而当地人知道它真实的价值，所以不会光顾。

再接下来我们要仔细研究一下菜单中的形容词。我们通常会在菜单上看到两类形容词，一类实际上什么都没说，诸如“美味的”“极好的”“令人愉悦的”“让人垂涎的”等等；另一类则含糊地说了一些什么，诸如“浓郁的”“酥脆的”“松软的”等等。

芝加哥大学经济学教授史蒂芬·列维特等人在一项针对不动产广告用语的研究发现，经纪人所选择的广告语跟房屋的最终成交价格之间有着密切的关系，比如“棒极了”“迷人”“宽敞”“无可挑剔”这些词会对成交价格产生消极影响，而“花岗岩结构”“枫木”“人工大理石”这类的词则会对成交价格产生积极影响。

任韶堂等人也发现了这些形容词和价格的关系。那些看上去向你保证美味（其实什么都没说）的词，如“美味的”，每出现一次平均价格就降低9美分，那些看似诱人其实含糊的词，如“酥脆的”，每出现一次则意味着价格下降3美分。

之所以这些形容词会影响价格，是因为又长又啰唆的菜单往往出现在中等价位的餐厅和一些连锁餐厅。频繁使用“美味的”“新鲜的”来自一种身份焦虑，中等价位的餐厅正因为担心食客认为它们规格不够高，所以才迫不及待地向你保证它们的食物品质。而真正高档的餐厅则不屑用“真正的”“极好的”来多此一举形容自己的蟹肉和松露。

同时，越是高档的餐厅，菜单上的选择越少（你爱吃不吃，这里我说了算），高档餐厅的菜式选择只有低价餐厅的一半。低价餐厅通常有长长的菜单，而且还有分量档次，如大份、中份和小份。

你还有下次约会机会吗

你刚刚和一个漂亮的姑娘约会完，你对她的感觉很好，同时姑娘似乎对你也很感兴趣，她问了你很多问题，你自信你们很快有下一次约会。可是姑娘并没有再约你，也许是她害羞吧，可是当你主动约她时也被她婉言谢绝了，这到底是怎么回事呢？

斯坦福大学和美国西北大学的多位科学家发起了一项研究，他们调查了数百位速配约会者，让约会者随身带上录音机，随后对约会的录音做了数字化的处理，这样就能够记录男女双方使用的词、笑声和说话的语气。通过这些数据，科学家们试图查明什么因素可以预测男女双方彼此有感觉，并想有第二次约会。

如果男方对女方有兴趣，他很容易被女方的笑话逗乐，即使女方的笑话并不太好笑。他还会在说话时不经意地降低自己的声调。低沉的声音能够充分显示男人的阳刚之气。

如果女方对男方感兴趣，她们则会轻言细语变得更温柔，同时不断改变声调，这种说话方式能充分体现女人的雌性气质，另外，她们还会不断地插话，有时甚至打断男方正在说的话。

如果你是个男士，频繁从对方口里听到“我”这个词，比如她说“我上大学那会儿……”或“我在第一次毕业舞会的时候……”，那么恭喜你，你可能大有希望了。当女人谈论她自己时，她才有可能对你感兴趣。谈论自己是女性感到舒适的一个标志。

如果一个女性使用具有凸显自我性质的表达时，比如“你知道吗”或“我的意思是”这样的说法，就说明她可能喜欢正在与她约会的男人。这是因为这些表达能够吸引听者的注意，这些字眼友好、温暖，而且说明她希望与对方产生联系。

男方在约会时也有些实用的小技巧。比如你始终没有把话题转到自己想聊的事上，而是一直谈论她发起的话题（别老想着吹嘘自己的运动天赋或者其他擅长领域），那么这名女性就很有可能对男方产生好感。女性还喜欢表达支持和同情心的男性，如果一个男性说“那太棒了”或“那简直太酷了”，那么他会得到额外加分，同样如果他使用了“那肯定很难”或者“你一定很伤心”这样的表达，也会获得女性的青睐。

女方如何能让男方对自己感兴趣？遗憾的是，研究人员们发现女方这方面能做的不多，因为男方通常只被女方的外貌所吸引，男人基本上都是颜控或身材控（哎，肤浅的男人们）。不过仍然有一个词，可以略微增加男人喜欢她的概率，这个词就是前面说过的“我”，男人更喜欢总是谈及自己的女人，他们不喜欢拘谨的女性。

当女性在约会中多次谈及自己，传递了舒适的信号，以及对这位男士一直在耐心倾听表示赞赏，那么，第二次约会就变得大有希望了。

那什么是约会不好的信号呢？如果女方对男方不感兴趣，那她经常会使用一些模棱两可的用语，如“可能啊”“我猜是”“或许”等。如果女方就某个话题不做正面回答，比如她“有点儿”喜欢你点的菜，“可能”喜欢正在上映的某部电影，那么她“很可能”不大喜欢你。

最后，调查数据告诉人们什么是约会的大忌，这就是双方问了太多的问题，诸如“你有哪些兴趣爱好？”“你家里有几个兄弟姐妹？”“你家有几本房产证？”“房子有按揭吗？”“你年终奖有多少？”等等。这似乎有违直觉，你或许认为提问就代表着对方对你感兴趣，但第一次约会不是这样的。第一次约会问了太多问题，预示着双方交流枯竭，已经无话可说，只能依靠不断地提问填充时间，这时就该对彼此说拜拜了。

完美的初次约会可能在行将结束时有一个简单的问题：“你愿意再次和我约会吗？”如果这是约会中唯一的提问，那么答案很可能是“我愿意”。

是美好的初恋让我们念念不忘吗

《东京爱情故事》的女主角铃木保奈美曾演过一本电影叫《一见先生》。电影讲述了一对年轻恋人相识相爱的故事。影片中说道：

在日本京都一些古老的店面里，在门口接送客人的人被称为“一见先生”。在这种店面里，客人要回去的时候，一见先生必须站在门口目送客人远去。

作为日本文化的一部分，客人离去的时候，店员常常会在门口躬身目送，直到看不见对方为止。这种看似古老的文化其实有它深刻的道理。

诺贝尔经济学奖获得者丹尼尔·卡尼曼提出了峰终定律，根据该定律，我们对过去体验的记忆由两种因素决定：事情达到极限（最好或最坏）时我们的感受，以及事情结束时我们的感受。我们用它总结自己的体验，并作为日后评价新的体验的参考依据。这种体验总结又反过来影响我们是否再来一次的决定。而其他一些因素，比如体验过程中快乐和不快乐所占的比例，或者体验持续的时间，几乎对我们的记忆毫无影响。

根据这个定律，当我们在一家餐馆就餐时，对这家餐馆的评价取决于我们在用餐时最深刻的感受（比如品尝到了一道印象深刻、非常好吃的佳肴，以及我们最后离开时的感受。

很多消费者明明整个用餐过程中感受都不错，菜品也很佳，但在最后结账时，因为折扣计算方式和服务员发生争执，或是发现应该免费的茶水被收了钱，结果事后对整个用餐感受评价很低。这个就是受峰终定律的影响。

“一见先生”的做法为顾客提供了很好的体验，顾客在离开时受到了非常礼貌的对待，在店家彬彬有礼的相送中，他们自然会对整个消费过程的评价会很高。

峰终定律是一种启发性策略，人们在对过去的情感性经历进行回溯性评价时，几乎大多依靠这一经历过程在高峰时期和结束时期的相关信息。卡尼曼举例说：当我们在听一张交响乐的唱片时，由于光盘有刮痕，在快结束时发出令人厌恶的声音，糟糕的结尾往往“毁了全部的体验”。但实际上毁的并非是体验，只是对它的记忆而已。

聪明的商家常常会利用这一点来实现完美的营销。

当我们在逛宜家商场时，你或许走得筋疲力尽还没找到心里想买的商品，不免有点沮丧，在你结完账离开时，你会经过销售食品的柜台，这里提供的冰淇淋在周一到周五仅需1元一个，小孩子最爱的热狗只需2元，美味的黑巧克力也只需8.9元。当我们吃着1元一个的美味冰激凌满意地离开时，很快就会忘记刚刚的不快，想着下次再去逛逛。这就是峰终定律的魔力。

在电影《一见先生》的结尾中，彼此深爱的男女主人公最后还是遗憾地分开，这让观众陷入了深深的伤感，对故事久久不能忘怀。这样的剧情安排恐怕也是另一种峰终定律的运用吧。

05

线索：数据中的经济学

“伯乐”的相马术

民间传说天上管理马匹的神仙叫伯乐，春秋时期有个叫孙阳的人，由于他善于相马，人们便称他为伯乐。有一天，伯乐在从齐国返回的途中，看到一匹马拉着盐车吃力行走。当伯乐走近时，马突然昂起头大声嘶鸣，伯乐立即从声音中判断出这是一匹千里马，于是从赶车人手里买走了这匹世间罕见的好马。

这个故事很可能不仅仅是传说，而是真实发生的事情。那么伯乐的相马术，究竟是怎么做到的？它在今天可能有一个更时髦的字眼：大数据。

我们先说一个当代伯乐的故事。

2013年的夏天，纽约东部一家名为法西–蒂普顿的公司照例要拍卖一些马，这次拍卖会总共有152匹周岁马要拍卖。在这些马中，有一匹红褐色的马，它比一般的马体型大些，有着黑色的鬃毛，因为它还没有名字，人们便用85号来指代它。

85号的血统还不错，它的雄性亲畜（父亲）“尼罗河先锋”曾经是一匹顶级赛马，但这并不代表它能脱颖而出，“尼罗河先锋”的其他孩子此前并没有多少赛马佳绩，并且85号的外观也有一些问题，例如它的脚踝处有一道划痕，一些买家担心它可能受过伤。

85号的主人是埃及啤酒大亨艾哈迈德·扎耶特，他来到纽约的目的是想卖掉这匹马，同时再买几匹。和所有富有的马主一样，扎耶特聘请了一个专家团队来帮助他选马。通常选马的专家都是中年男子，大多来自肯塔基州或佛罗里达州的乡下，文化水平不高，但是有着从事赛马行业的家族背景。然而扎耶特却另辟蹊径，他聘请了一家名为EQB的小公司，EQB的负责人杰夫·塞德不是一个老派的赛马界人士，而是一个毕业于哈佛大学的数据怪才。

塞德的团队一般需要几天的时间对数匹马进行评估，然后会推荐5匹左右的马给扎耶特来替换85号。然而这次塞德的团队给出的反馈大出扎耶特的意料，他们称无法满足扎耶特的要求，在当天出售的其余151匹马中，他们无法为他提供任何推荐，相反，他们提出了一个让扎耶特意想不到的强烈建议：绝对不能卖掉85号马。

塞德的伯乐团队给出的理由让扎耶特大吃一惊：就算卖掉你的房子，也别卖掉这匹马。85号不但是这次拍卖中最棒的马，还是全年拍卖的一万匹马中最好的，甚至还可能是10年中遇到的最好的马。在塞德等人的眼中，85号就是传说中的千里马。

第二天，一个自称因卡尔多·布拉德斯托克的人花了30万美元悄悄地买走了85号，后来人们才知道，这人就是扎耶特。他听从了塞德的意见，因为拍卖规则让扎耶特无法轻易买回自己的马，因此只能进行匿名交易，而这样的事情也几乎是史无前例的。

三个月后，扎耶特给85号取了一个响亮的名字“美国法老王”，事实证明塞德没有看错，18个月后，85号成为30年来首个国际赛马大赛的三冠王。

塞德究竟如何成为真正的伯乐呢？他对传统的相马方式不感兴趣，他只对数据感兴趣，他测量了赛马的各种属性，分析其中哪些与它们的表现相关。他曾经测量过马的鼻孔大小，构建了世界上第一个赛马鼻孔大小和马匹表现的数据库，他曾经给马做心电图，检查它们的心脏，还测量马腿的肌肉体积。塞德对马的一切数据都感兴趣，他甚至还去测定马粪的大小。

那么发现85号是神骏的终极秘密又是什么？塞德并没有隐瞒他的发现，他说：如果赛马的左心室越大，它在比赛中的成绩越好。85号马的所有重要器官，包括心脏和脾脏都大得异乎寻常。一匹马如果单单左心室很大，其他器官却很小，很可能是患有疾病的征兆，而85号所有的关键器官都高于平均水平，左心室更是超大，由此塞德断定，85号是数十年难遇、百万中挑一的好马。

春秋时期的伯乐可能也同样通过类似的数据技术来挑选千里马，而这个大数据库就是他个人经验，伯乐一定观察过成千上万匹马，他一定比较过所有良马的外观、毛色、步态、嘶鸣，各种数据都存在他的心中，所以当他遇到那匹拉盐车的马，看到它的步态，观察它的体型，细听它的嘶鸣，立马从自己记忆中的数据库进行对比，由此断定这匹就是千里马。

而另一方面，哈佛的塞德也越来越向中国古代的伯乐靠拢，他认为自己收集的数据尽管是有史以来最具权威性、创新性和重要性的数据集，但依然存在纰漏，于是他在另一个传统方向上同样努力，比如亲自检查马匹、看它们如何行走、检查疤痕和瘀痕，并向它们的主人询问问题。

海瑟薇和巴菲特的“绯闻”

美国导演丹·马维舒曾发现了一个异乎寻常的现象：只要女星海瑟薇出现在头条，巴菲特的伯克希尔·哈撒韦公司的股价就会上涨。他以海瑟薇当年的奥斯卡颁奖礼主持秀为例，在奥斯卡颁奖前的最后一个交易日以及颁奖礼后第一个交易日，伯克希尔·哈撒韦的股价分别上涨2.02%和2.94%。

再往前追溯，事情变得更有意思：在海瑟薇出演的5部电影首映日，伯克希尔·哈撒韦的股价都会上涨。《瑞秋的婚礼》《新娘大作战》《情人节》《爱丽丝梦游仙境》《爱情与灵药》首映，股价涨分别上了涨0.44%、2.61%、1.01%、0.74%、1.62%。

海瑟薇和巴菲特究竟是怎么样的关系，莫非是……如果我是娱乐小报的记者，一定会忍不住好好挖一挖。

这件事的结果虽然没有什么八卦情节，但说起来也非常有趣。

我们知道，哪个行业最赚钱，最优秀的人才就会往哪个行业跑。于是，世界上最聪明的物理学家和数学家，都跑到了华尔街，这些人被称为“宽客”。随着这些天才一次次的成功，他们开始改变华尔街的交易策略。

宽客建立的数学模型首先对历史股价数据进行分析，那些历史上价格总是朝同一或相反方向波动的相关联的两只股票，突然价格趋势发生了背离，这很有可能说明其中一只股票价格被高估或低估，电脑程序在海量数据中进行分析，帮助交易员找到这些获利机会。

但交易员毕竟只有10个手指头，基金公司于是开始抛弃交易员，让电脑自己去操作。这些高性能计算机获取市场数据、处理数据，并下达买进和卖出指令，这一切可能是在几毫秒完成的。这种每笔交易获利很小但交易量巨大的交易方式被称作“高频交易”。

宽客们并不满足只对交易数据进行分析和建模，他们想到，如果发生9·11这样的事件呢？于是新的算法开始对事件和新闻进行分析，他们分析历史上一个重大消息的宣布会对股市产生什么样影响。比如当美联储宣布一个重大消息时，高频交易能够在几毫秒的时间内下达交易指令，捕捉获利机会（炒股的大伯大妈们，你们想过对手居然是计算机和人工智能吗？你们觉得最后可能赢钱吗？）。

印第安纳大学的研究人员曾发现，分析推特信息中人们的情绪，可以准确预测股市的涨跌。而高频计算机通过某种算法，实时分析推特和新闻中的信息，做出交易决策。2013年4月，叙利亚政府的支持者侵入了美联社的推特账号，发布了一则假消息：白宫发生了爆炸事件，奥巴马在事件中受伤。链接到新闻源的算法扫描了该推文，预测市场会大跌，于是自动抛售股票，这导致股市在瞬间蒸发约1400亿美元。这次的恶作剧，让许多使用推特数据的对冲基金意外被暴露出来。

还是回到开头的“绯闻”。海瑟薇的名字是Anne Hathaway，巴菲特的公司叫Berkshire Hathaway，两者都包括Hathaway这个词，于是，高频交易软件系统自动地将海瑟薇的新闻也抓取到巴菲特公司里面来，当它发现Hathaway这个词不寻常的变化时，迅速做出了交易策略。

就这样，在大数据时代的算法中，巴菲特和海瑟薇“好上了”。

章鱼保罗的终极秘密

2018年，随着俄罗斯世界杯冷门迭出，人们不由怀念起2010年南非世界杯上那只叫“保罗”的章鱼。当时的人们把装有食物并贴有国旗的塑料盒子放在保罗面前，让它进行选择，通过这种方式，保罗一共进行了14场预测，成功了12次，在决赛前保罗还坚定地选择了西班牙队。按照保罗的这个准确率，足以使赌球公司破产。

章鱼是种聪明的动物，它拥有良好的记忆和出色的视力，但是它还没聪明到了解足球。美国统计学家加里·史密斯发现了一些关于保罗的奥秘：在德国参加的13场比赛中，保罗11次选择了德国队，保罗虽然是个色盲，但是它能够识别明暗度，而且喜欢横向形状。德国国旗由三块鲜艳的水平条纹组成，塞尔维亚和西班牙的国旗也是如此，而保罗只选择过这三个国家。

因此在统计学上这被称为“混杂效应”，国旗显然是一个混杂因素，因为保罗选择的并不是球队，而是它喜欢的国旗。

加里·史密斯认为，保罗之所以能够准确预测比赛，另一个重要原因就是“幸存者偏差”。

亚伯拉罕·瓦尔德是一名犹太人，有着出众的数学天赋，当纳粹攻占奥地利后，他便移居美国，在哥伦比亚大学担任统计学教授。

在二战的大部分时间里，瓦尔德都在哥伦比亚大学的统计研究小组（SRG）工作，当时美国的数学精英汇集在一起，有的研究战斗机瞄准具锁定敌机的飞行曲线公式，有的研究战略轰炸规程。像日后获得诺贝尔经济学奖的米尔顿·弗里德曼也在统计研究小组，据说他只能算是第四聪明的人，小组中天赋最高的当属瓦尔德。

当时的统计小组遇到一个问题，军方不希望自己的飞机被敌机击落，因此需要为飞机披上装甲，但是装甲会增加飞机的重量，这样飞机的机动性就会减弱，还会消耗更多的燃油。防御过度不可取，防御不足又会带来问题，因此军方希望这群数学家找到一个最优方案。

军方还向统计小组提供了一些可能用得上的数据。美军飞机在欧洲上空与敌机交火返回基地时，飞机上会留有弹孔，但是，这些弹孔分布得并不均匀，机身上的弹孔比引擎上的多。

军方的想法是，如果把装甲集中装在飞机最需要防护，即受攻击概率最高的部位，那么即使减少装甲总量，对飞机的防护也不会减弱。因此，他们认为这种做法可以提高防御效率。

然而瓦尔德给出的答案和军方恰好相反，需要加装装甲的地方不应该是留有弹孔的部位，而应该是没有弹孔的地方，也就是飞机的引擎。

瓦尔德认为，飞机各部位受到损坏的概率是均等的，但是引擎罩上的弹孔却比其他部位少，瓦尔德相信，这些失踪的弹孔被留在了未能返航的飞机上。大量的飞机被打得千疮百孔但仍能返航，但是一旦引擎被击中飞机就不能返航，这个事实说明机身无须加装装甲，需要的部位恰恰是飞机引擎。

对数学家而言，导致弹孔问题的是一种叫作“幸存者偏差”的现象。比如你去战地医院看看，就会发现腿部受伤的病人比胸部中弹的病人多，其原因并不是士兵的腿部最容易受伤，而是当胸部中弹后很难存活。

有个有趣的例子，人们常说猫有九条命，于是有人对纽约市宠物医院接收的从高层公寓楼坠落的115只猫咪进行了调查，发现从9层及以上楼层坠落的猫咪死亡率为5%，从不足9层的楼层坠落的猫咪死亡率为10%。很多医生推测，这是因为从较高楼层坠落的猫咪能够将身体展开，形成降落伞效应。

这种解释听起来颇有道理，我们似乎看见了猫咪拉伸四肢滑翔的画面，然而这不是真相，真正的原因是坠落后死亡的猫咪不会被送到医院，许多人会放弃那些从高层坠落后奄奄一息的可怜猫咪，而从较低楼层坠落的猫咪的主人往往更加乐观，更愿意花钱把它们送往医院。

美国红狮酒店曾经打出整版广告：“入住红狮的商务旅行者中，98%的旅行者还会再次选择我们。”原来该公司对酒店的顾客进行了一项调查，其中98%的人表示会再次选择红狮，然而，这个数据同样存在“幸存者偏差”，那些曾经只住过一次再也不愿意光顾的客人显然不包含在这个调查数据内。

回溯性研究往往存在着“幸存者偏差”。比如我们发现获得冠军的球队往往有新颖的打法，而新颖的打法也可能导致球队失利；伟大的公司都有冒险精神，而有冒险精神也可能让公司早早倒闭。然而我们在统计时往往忽略了那些失利的球队和倒闭的公司。

再回到章鱼保罗身上，那一年究竟有多少家养的宠物或者动物园里的动物预测了世界杯，这个我们永远无从知道，然而问题的关键就在这里，有成百上千的动物进行了这种预测，而我们只得到了预测成功的报道，于是觉得保罗非常神奇。成功的保罗是站在无数失败的保罗肩上，因而从总的概率来说，出现“神预测”的保罗实在是再平常不过的事情了。

宅男拯救世界

你坐在咖啡馆靠窗的位置，目不转睛地盯着街对面，一辆半新不旧的汽车缓缓驶来，下来一个戴着鸭舌帽提着大包的男人，你看不清他的脸，只见到他满脸的胡子。一个风衣男从街的另一头走来，两人交会的瞬间包已经在另一个人手上了，你发出收网命令，整个街道枪声大作……

也许你和我一样，对捉拿恐怖分子还停留在007的故事和好莱坞电影的层面，不过在大数据时代一切都会不一样，抓住那个想放炸弹的坏蛋很可能是个戴着眼镜的技术宅男。

伊恩·霍斯利在英格兰中部长大，他是个普通得不能再普通的宅男。年轻时，他只想当一名会计，后来女朋友的父亲帮他找了一份银行出纳的工作。在银行工作期间，霍斯利热衷研究人类行为学，银行很快发现了他的特长，让他负责研究金融欺诈行为。

霍斯利熟悉不同客户群体的情况，比如西非移民是支票伪造高手，而东欧人则是出色的个人身份信息窃贼。他组建了一个数据分析和特征筛选团队，编写能够搜索银行数据库以识别诈骗行为的电脑程序。

有一天，情报局的人找到他，因为他的算法既然能够通过筛选浩瀚复杂的银行数据找到诈骗犯，那么使用这一类似算法，也能找到恐怖分子。就这样，这个看上去给007拎包都不像的宅男用他的大数据理论在茫茫人海中寻找恐怖分子。

恐怖分子不会把自己的网名叫作拉登或者炸弹，也不会在互联网上购买雷管，但霍斯利发现，他们还是有一些行为和一般客户有显著差别。比如：他们通常以邮箱作为联系地址，且地址变化频繁；其中有些人经常给其他国家电汇，也经常收到来自其他国家的电汇，但电汇数额通常较小，不足以引起银行的注意；他们往往一次性存入大量现金，随后经常取出小额现金；他们的银行业务没有反映出正常的生活费用，例如租金、公用事业费用、汽车还贷等；他们每月存钱和取款的时间没有明显的规律可言；他们支取现金比使用支票的比例明显高出许多……

另外，恐怖分子也不大会开设储蓄账户（你听说过恐怖分子买五年期国债的吗），更不会投保人身险（轰的一声把自己炸上天保险公司可不会来理赔）。

霍斯利根据恐怖分子不同于其他人的行为特征，创建了一个算法，一旦算法调整到最佳，就可以从银行数据库挖掘信息，识别隐藏的罪犯。当然这里还有一些保密的关键X变量，X变量测算的是客户某种特定的银行活动频率，普通人也会出现这种行为，但恐怖分子出现这种行为的频率会高得多，这些变量最终会锁定嫌疑人。

也许你喝酒的酒吧原本会冲进一群暴徒拿着机关枪突突突，也许你愉快的飞行之旅原本会砰的一声变成噩梦，但是由于霍斯利（这只是个化名）这些无名英雄的存在拯救了你，但你永远不会知道他是谁，他们不会飙车更不会开飞机，见到美女也很腼腆，他们只是些不起眼的宅男罢了。

让我猜猜你是谁

2013年的时候，家住纽约纳苏县的女记者卡塔拉诺正在家中，忽然6名特工神兵天降，其中2名还是反恐特遣队的成员。卡塔拉诺一头雾水，到后来她才知道，她曾用雇主的电脑搜索过“压力锅”，在同一时段内她的丈夫搜索过“背包”，而不久前发生的波士顿马拉松爆炸案，背着背包的嫌犯正是使用高压锅做炸弹，于是大数据通过算法猜测她有嫌疑。

事实上，大数据正在无时无刻地对你做着审查、猜测和筛选，而你却一无所知。

让我猜猜你是否有钱？

如果你注册了Gmail邮箱账户，你会经常收到各类车商给你发来的电子邮件。有个叫内森·纽曼的研究员注册了多个用于测试的Gmail邮箱账户，然后对不同姓名下的账户广告效果进行了比较，他发现，注册的白人姓名的账户都被推送了通用汽车或者丰田汽车等类似的汽车购物网站，而注册的非裔美国人的姓名的账户都至少收到了一个与不良信用卡贷款有关的提示，而且被推送的都是二手车的交易广告。

让我猜猜你长什么样？

如果你是一名单身男子，没有孩子，常在网上买衣服，会花很多时间看电视，开一辆小货车，大数据很可能猜你应该比普通人更胖一些，于是，很多寻找减肥药试用者的商家会找到了你。

让我猜猜你们的夫妻感情？

Visa信用卡公司很早就能根据持卡人的刷卡记录，预测用户离婚率，以便更好地控制违约风险。如果你和你老婆有一方曾经接受过婚姻咨询，大数据可能将此判断成你们夫妻不和的信号，然后银行会根据这些数据来调整你们的信贷额度。

让我猜猜你是否自信？

如果你曾经在搜索引擎和论坛上输入了“不舒服”“压力大”或者“号啕大哭”几个词，你就有可能成为某些营销商的涉猎目标，这些商人通过数据从没有安全感的抑郁者身上获利，他们还会想尽一切办法在女人最不自信的时候向她们兜售美容产品。

让我猜猜你是否怀孕？

美国第二大零售折扣商塔吉特公司的数据分析师会将一个包含25种产品的列表输入“怀孕预测评分”程序，如果一个23岁的女性购买了“可可脂乳液、大到足以兼作尿布袋的手提袋，以及锌、镁补充剂和一条宝蓝色的毯子”，那么塔吉特公司可以估算出她怀孕的概率是87%，接下来，这位女性就会收到针对准妈妈的广告。

让我猜猜你干活是否卖力？

几年前，吉姆·沙利文开始在达拉斯一家餐厅做服务员，那时候他就处在监控之下——监控他的不是老板窥探的目光，而是智能软件。“数字哨兵”会追踪每个服务员、每个点菜单、每盘菜和每份酒水，为的是分析员工的行为模式和勤奋状态。而美国一家赌场甚至通过追踪发牌者和侍应生的微笑频率来监控员工。

亚马逊被曝光构建了一套AI系统，它可以追踪每一名物流仓储部门员工的工作效率，统计每个员工的“摸鱼时间”（Time Off Task，简称TOT），然后自动生成解雇命令。亚马逊的这套AI系统会对雇员离开时间进行管理和限制。不少亚马逊雇员由于时间和监控的关系甚至都不敢轻易喝水、上厕所。亚马逊根据这套系统在2017年8月到2018年10月的14个月期间一共解雇了巴尔的摩仓库内约300名全职雇员，原因都是这些雇员工作生产率未达标。

乔治·奥威尔在他预言式的小说《1984》中塑造了“老大哥”

的形象，而在现实世界中，大数据的“老大哥”正时刻揣摩着你。乔治·奥威尔也许自己想不到，多年之后的现代人终于走向了他预言中生活的样子，而这时禁锢他们的，却是人类自己创造出来的科技。

用天价请明星拍电影有多傻

据说改编自网络小说的电视剧《如懿传》，男女主角霍建华和周迅拿走的片酬超过1.5亿元（够莫言拿20次诺贝尔文学奖了），这震惊了吃瓜群众。请了大牌明星的好处似乎是显而易见的，如果你是个制片人，找了些不知名的演员，影院经理看到剧中没明星，可能只会给一点点排片量，甚至根本不排。电视台的节目采购经理如果看到没明星，也不大会有兴趣购买这些电视剧的播出版权。

那么支付了明星天价片酬的电影是不是能让电影公司大赚呢？

迪克·科培肯毕业于哈佛法学院，正当他律师生涯如日中天的时候，忽然对大数据发生了兴趣，于是他利用神经元网络（一种模拟人脑的大数据算法），根据剧本特征来预测电影收入。

很快，科培肯成了好莱坞老板们的座上宾，他的算法可以帮助电影公司提高期望总收入，该算法不仅可以告诉你剧本需要改变什么，还会告诉你这一改变可能会增加多少收入。

科培肯发现：追求利润最大化的电影公司必须减少明星的片酬。对大多数电影来说，使用不太大牌的演员也能赚到同样多的钱。演员和导演的名头对于票房收入的影响小得惊人。科培肯还继续补充说：你会很吃惊地发现，那些赢得空前票房收入的电影，几乎都没有采用当时已经是明星的演员。

科培肯的结论或许会得到经济学家们的赞同。

美国罗格斯大学经济学教授亚伯拉罕·拉维德早在1999年进行了一项调查研究，他对200部电影的经济收益进行分析后发现，明星虽然能为影片带来更好的票房，但是电影的利润率却更低，因为大部分的收入进入了明星的口袋。

拉维德的研究还给那些爱砸钱的土豪泼了一盆冷水。他说，低成本的影片一般会比高预算的大片取得更高的利润率，同理，无名小卒充当顶梁柱的影片要比大明星主演的影片具有更高的回报率。

曾任迪士尼电影公司首席执行官的杰弗里·卡曾伯格说："在以前，我们只需为演员卓越的演技支付报酬，而现在我们必须为他的显赫名望支付报酬，雇用一线明星时，必须加价，我们可以将其称为'名人的额外索价'。"

迪士尼一直是所有电影公司中最注意控制成本的，主要靠的就是避免选用当下的一线明星，另一个方面就是投资动画电影。谢天谢地，插画师、技术专家和动画小人至今还没有向老板索要超级明星的溢价。

好莱坞的大佬们也开始认识到明星天价片酬的危害，他们有的通过电视选秀节目让平民百姓成为明星，有的则干脆不用大腕，如《少年派的奇幻漂流》《纳尼亚传奇》系列，以避免支付明星的溢价。

在美国电影《敢死队》系列中，制片人把科培肯的神经元网络一脚踢开，他还准备用机关枪“扫死”爱嚼舌头的经济学家。该影片云集了包括史泰龙、施瓦辛格、杰森·斯坦森、布鲁斯·威利斯、李连杰等大牌明星，但这些老家伙不但为了片酬的问题先打起来了，而且票房利润一集不如一集。

恐怖袭击为何和地震有关

2015年8月20日下午，一辆从阿姆斯特丹开往巴黎的列车在经过法国北部城市阿拉斯遭遇了不同寻常的事情：两名美国大兵在火车上发现一名形迹可疑的男子，后来还听到男子在如厕时发出枪支上膛的声音。当男子走出厕所时，手里真的握有一把AK47步枪，并开枪向乘客扫射。两名大兵勇敢地扑上去，将其制伏。

火车刚刚进入法国境内，这名恐怖分子就开始准备实施袭击行为。当时他手里有9个装满的弹夹，将近300多发子弹，火车上共有550多名乘客，一旦得逞，后果不堪设想。

法国前总统奥朗德亲自给这些英雄授予了最高荣誉骑士团勋章，人们传颂着英雄们的故事，而那些计量经济学家，可能在这个时刻看到了不同的东西。

来自科罗拉多大学的亚伦·克劳塞特教授拥有物理和计算机学科背景，并发表过数篇数学论文。克劳塞特的研究领域相当奇特，他的研究发现，恐怖组织的数学特征和地震的数学特征非常类似。

假设你生活在地震频发地区，几十年来你所经历的地震中，4级地震频率稳定，定期发生，5级地震一年会发生几次，而6级地震发生的次数屈指可数。你的房子不能承受7级地震，但可以抵御6级地震，于是你便称自己没有什么好担心的，这样的结论正确吗？

当然不正确。地震遵循幂律分布，据此定律，发生了5级和6级地震便预示着有可能发生更大级别的地震。如果时间跨度够大，更大级别的地震其实是不可避免的。大地震终会爆发，你应该有所准备。

恐怖袭击的发生也遵循同样的原则。2015年1月7日法国《查理》周刊位于巴黎的总部遭遇恐怖分子袭击；8月20日列车上出现手持枪支的恐怖分子，这些就相当于五六级地震，它们本身的破坏力已经足够大了，但是却预示着法国可能发生更大规模的袭击。

2015年11月13日晚，巴黎发生一场7级“大地震”。巴黎市发生恐怖袭击，遇难人数达132人。奥朗德在对全国的讲话中称，巴黎遭到史无前例的恐怖袭击，全国进入紧急状态并关闭了法国所有边境口岸。

按照克劳塞特教授的理论，巴黎恐怖袭击事件不是一个离群值，相反，它是涵盖更广的数学模型的一部分。

从1979年伊朗革命到2001年“9·11”恐怖袭击事件，针对北约国家的恐怖共计发生了4000多次。而在这期间，一半的死亡人数仅由7次恐怖袭击造成。有些事情发生的频率低，但影响深远，这一模型体现了幂律分布的特征，地震就遵循这一规律，克劳塞特认为恐怖袭击同样如此。

统计学家纳特·西尔弗评价到：这种方法虽然不能告诉我们何时何地会发生恐怖袭击，但是这类思维方式能够弥补一些现存的盲点，对现有数据进行分析，可以让我们更清楚地意识到未来的风险。

超级碗能预测股市吗

超级碗（Super Bowl）是美国职业橄榄球大联盟的年度冠军赛，在1983年1月的超级碗星期日，《洛杉矶时报》的商业版和体育版都刊登了关于“超级碗预测股市”的文章。文章说：如果国家橄榄球联合会（NFC）或者目前位于美国橄榄球联合会（AFC）中的前国家橄榄球联盟（NFL）球队赢得超级碗，股市将会上涨，否则，股市将会下跌。

这种指标看起来很神奇，因为在之前的16场超级碗中，这种理论成功了15次，《洛杉矶时报》写道：“你很难忽视一个准确率超过94%的指标。”这一年，华盛顿红人队（NFC）赢得了胜利，超级碗理论再次应验，股市出现了上涨。

到了1997年，超级碗理论在31次比赛中实现了惊人的28次成功，这个理论真的那么神奇吗？

普林斯顿大学的经济学教授伯顿·马尔基尔在《漫步华尔街》一书中提出了“随机漫步”的概念，即股票价格的短期波动无法预测，将来的趋势无法根据过去的历史来预测。

但是人类生而喜爱秩序，很难接受随机性的概念，无论概率法则会告诉我们什么，我们还是会在随机事件中寻找模式，也不管随机事件在哪里出现。

耶鲁大学的统计学教授加里·史密斯说：股市与橄榄球比赛的结果自然没有任何关系，超级碗指标的准确率仅仅是一种可笑的巧合，因为股市经常上涨，而NFC也经常取得超级碗的胜利。

这样的随机巧合随处可见，比如贝斯普客投资集团发现了《体育画报》泳装指标：如果《体育画报》年度泳装特刊上的封面模特是美国人，股市就会出现良好的增长势头，如果模特是外国人，股市就会表现较差。

再比如著名的“裙摆指标”，根据该理论，股市的走势和裙摆的长度相关，如果街上流行露膝短裙，则股市会向上攀升进入牛市，如果是过膝长裙，股市则会萎靡不振进入熊市。鹿特丹伊拉斯谟大学经济学院的菲利普·汉斯教授评价说：“相信裙摆能预测经济，这和伊朗的神职人员相信女性衣着暴露会导致地震一样荒谬。”

超级碗指标的预测，正确的时候比错误的时候多得多，然而这并没有什么意义，它只是反映了这样一个事实，两件事实上不相干的事情有时看起来似乎有相关性。不过这些相关性会随着时间的推移越来越弱，比如超级碗指标，从1997年以后情况急转而下，在接下来的14年里失败了8次。

我们总能在随机的事件中找到一些模式，只要我们想找，我们总能找到。股市研究者戴维·雷恩韦伯发现与标准普尔500指数最密切相关的指标居然是孟加拉国的黄油产量。

我们的思维模式是以故事为基础，我们不喜欢不可控的随机性，因为随机的结果没法与故事融为一体。而超级碗理论却是个很好的故事，于是大众很快就能接受它。就像郑少秋主演的电视上映会引发香港股市的暴跌（秋官效应），至今很多人深信不疑。

机器人的“复仇”

这些故事似乎应该发生在描写未来的科幻小说中，然而它们却诡异地真实发生了。

骑士资本公司（Knight Capital）是一家位于新泽西的股票代理商，具体的工作是在客户和市场之间架起沟通的桥梁，从而降低客户完成大宗股票交易的成本。

骑士资本公司使用一款名为“斯马尔斯”的软件来处理客户的交易单，当客户发送一项交易请求后，“斯马尔斯”会将订单拆分成一系列更小的订单，直至完成最初设定的交易值。为了避免出现超过设定交易值的情况，公司还使用一款名为“备用电池”的机器人程序来负责在收到订单时暂停交易。到了2005年，“备用电池”程序开始停止使用。

2012年的时候，骑士资本公司的工程师开始更新公司8台服务器上的软件，他们在几天之内将新程序安装到了其中的7台服务器上，然而诡异的是，他们无法把新程序安装到第8台服务器上，而这台服务器上安装有“备用电池”程序。

到了新系统上线的日子，客户和其他代理商的订单开始陆续进入系统，骑士资本的7台已经完成更新的服务器开始有条不紊地工作，然而第8台服务器，也就是沉默了7年，工程师一心想注销的“备用电池”程序忽然复活了，并且用一种匪夷所思的方式向想把它“弄死”的主人进行“报复”。

这台服务器向市场发出了上百万个订单，急速买入和卖出股票，随着错误的订单不断堆积，等待交易的正常订单队列越排越长，在技术人员发现问题的45分钟内，这个程序买入了价值35亿美元的股票，同时卖出了30亿美元的股票。在最后终止程序时，“备用电池”造成了公司超过4.6亿美元的损失，相当于每秒损失17万美元。

“备用电池”成功地把它的主人送往了毁灭。这个事件使得骑士资本公司财务迅速恶化，同年12月，公司被竞争对手收购。

2009年，一家名为英菲资本管理公司的公司推出了一个程序，这个程序一上线，就开始以极快的速度卖出期货，导致了整个市场的下跌。2010年，这家公司又推出了另一个程序，用来从原油交易的微小利润中获利，这个程序同样失去控制，在3秒钟之内损失超过100万美元。

2011年的都柏林的利奥柏斯城赛马场正在举行一场圣诞赛马障碍赛，一匹名为维达特的赛马已经领先其他赛马很长一段距离了，只有稍有常识的人都知道，这匹马一定会赢。

这时著名的博彩公司必发公司（Betfair）正在滚动显示最新的赛马赔率，突然有人愿意接受1：28的赔率，这意味着如果维达特获胜，每投注1英镑，这下注的人将损失28英镑。并且这个不可思议的赌徒一共投下了2150万英镑，当维达特获胜时，这个赌徒将损失大约6亿英镑。

所有的人都目瞪口呆，一定是操作失误，大家都在绞尽脑汁寻找原因，也许是这个赌徒手指太胖按错了按钮。不久有个细心的用户发现了原因，他觉得2150万英镑这个数字很蹊跷，他指出，计算机程序一般用32位存储二进制数据，因此，如果有人编写了一个32位自动下注程序，他能输入的最大金额是2147483648便士，也就是说，机器人程序能投下的最大赌注就是2150万英镑。

两天后，必发公司承认这是一个机器人程序导致的，它成功地躲过了防护系统的监控，并最后将投注结果显示在了网站上。不过机器人程序的主人（知道这件事情后他一定瘫软在地上）账户上只有1000英镑，它几乎把程序的主人拖进了破产的深渊，好在最后必发公司取消了这次交易才躲过一劫。

在那些幽暗的磁道上，机器人究竟在想什么，创造它们的人类可能越来越无法了解它们。

谁将获得奥斯卡奖

2000年的时候,《华尔街日报》想弄清美国电影艺术与科学学会的成员是如何进行奥斯卡奖项投票的。《华尔街日报》的团队调查了至少365人，大约占该组织全体成员的6%，他们透露了自己是如何填写选票的，据此报社做出了自己的预测。

在举行颁奖典礼前的星期五那天,《华尔街日报》公布了自己的预测结果，预测出奥斯卡奖6个主要奖项的获奖者——最佳影片奖、最佳导演奖、最佳男主角奖、最佳女主角奖、最佳男配角奖和最佳女配角奖。当颁奖嘉宾打开信封时,《华尔街日报》的预测结果证明相当准确，6个主要奖项中猜中了5个。

不过,《华尔街日报》的预测和好莱坞股票交易所（HSX）相比还是差了点，好莱坞股票交易所对该届奥斯卡6个主要奖项全部猜中。2002年，该交易所的表现给人留下的印象更深刻，在最终40位获奥斯卡奖提名的候选人中猜中了35人。

好莱坞股票交易所是电影投资的网上虚拟交易平台，拥有数十万用户群体。该交易所把每部电影运作成一只单独上市的股票，通过用户的交易使其价格上下变动。等到电影上映1个月后进行退市结算，影片的现实票房会被换算成交易所的交割价格，并与每个用户的执行价格进行差额对比，最终实现个人的盈利或亏损。

好莱坞股票交易所还对奥斯卡奖项用虚拟股票的形式进行预测，2007年奥斯卡共有39项提名，好莱坞股票交易所通过交易价格排名，成功预测了其中的32项提名，并在颁奖典礼之前成功预测出8项大奖中的7项，准确率之高令人咂舌。

在好莱坞股票交易所，每个明星都被虚拟成一只股票，股价的涨涨落落反映了明星的演艺生涯的起落。比如“哈里森·福特股”，2001年时“股价”一度达到100好莱坞币以上，但随着他逐渐淡出银幕，“股价”一路下滑至38好莱坞币。很多人不再看好，于是斩仓出货，孰料7年后福特就向影迷证明他宝刀不老，当时上映的《夺宝奇兵》票房卷土重来，让“福特股”又重返100好莱坞币高位。

华尔街的坎托·菲茨杰拉德公司(Cantor Fitzgerald)于2001年收购了好莱坞股票交易所。不得不说华尔街这帮人脑瓜子是好，什么东西都能往钱这个方向想。坎托公司脑洞大开，根据好莱坞股票交易所的机制衍生出了“电影期货”这个概念，并筹划对其进行商业化运作。也就是说投资者可以对每本电影的票房未来收入进行买卖。

随后，坎托公司向美国政府提出申请，并于2010年在负责商品期货交易的国会农业委员会进行听证，意欲开创电影期货的交易市场。坎托公司的项目负责人理查德·雅各布认为，好莱坞电影成本高昂且风险较大，如果能通过期货市场让普通投资者为电影提供融资并分摊风险，还创造获利机会，岂不一举多得？

但好莱坞对华尔街的建议并不买账，许多重量级的电影协会和组织对该提议群起而攻之，美国电影协会甚至发表措辞强硬的公开信，表示“电影期货并不能帮助电影行业降低投资风险，只能给我们增加负担，甚至可能毁了电影业”。在他们看来，电影期货是华尔街对好莱坞的一次绑架，华尔街的无耻和贪婪会把电影业变成赌博业，把华尔街造假、内幕交易这一套带到电影业。最后电影期货交易所的提议被否。

不过坎托·菲茨杰拉德公司还是找到了赚钱的新途径。哈佛商学院营销学教授阿妮塔·艾尔贝斯对好莱坞股票交易所的预测与其他好莱坞预测工具进行过比较，结果发现好莱坞股票交易所在电影上映前夜的收盘价对预测周末票房最有帮助。现在，坎托公司则热衷于向好莱坞各制片厂贩卖它的预测数据。

至于为何好莱坞股票交易所能准确预测奥斯卡奖项、演员的演艺生涯以及票房收入，是因为它提供了一种群体智慧，其运作原理类似于股票交易所反映出的有关公司盈利水平的市场预期，或者赛马以及政治选举赌博赔率所反映出的下注者们对于事件结果的整体看法。

被排挤的“点球成金术”

2003年，美国作家迈克尔·刘易斯出版了《点球成金》一书，该书讲述了奥克兰运动家队及其球队经理，运动数据天才比利·比恩使用统计学手段评估球员的价值，从而发现那些被忽视或低估的棒球运动员，最终打造出一个相对廉价却不失“冠军相”的球队。

在今天，几乎所有的球队或多或少地在运用这种被称为“赛伯计量学”（sabermetrics，棒球数据统计学）的方法。2004年，在效仿奥克兰运动家队的做法之后，波士顿红袜队首度赢得了世界棒球职业比赛的胜利，实现了近百年内零的突破，沿用同样的方法，他们又在2007年和2013年摘得桂冠。

美国统计学家纳特·西尔弗把“点球成金术”运用到政治领域，在2008年美国大选期间他成功地预测了49个州的选举结果，2012年美国大选期间更是成功预测出全部50个州的选举结果。这样的预测结果是史无前例的，这也使得他所在的《纽约时报》能够在大选中呼风唤雨。

然而，在现实生活中，这种大数据技术的运用，却受到了很多人的质疑。

达里尔·莫雷是个数据专家，他搭建了一个用于评价球员的统计模型，这引起了火箭队老板莱斯利·亚历山大的注意，于是，33岁的莫雷成了球队的新管家。

然而篮球圈的人却对莫雷有着非常强烈的排斥情绪，他们背后给他取了绰号叫“深蓝”（IBM那台超级国际象棋电脑），当莫雷的球队战绩出色时，他们闷声不响，然而一旦出现赛绩下滑，他们就立马跳出来指责他。

在2015年火箭队对抗金州勇士队的中场休息时间，担任电视解说的NBA全明星球员查尔斯·巴克利突然跳出来发难：“我丝毫不担心达里尔·莫雷，他不过是推崇分析论的众多傻瓜之一……我始终认为分析论纯粹属于胡说八道……听着，就是莫雷现在走进这间屋子，我也不会搭理他。NBA是属于天才们的，凡是唱着分析论的高调管理球队的人都有一个共性——他们是一帮从没打过篮球的家伙，高中时从没有受过姑娘们的青睐，他们就是想挤进这个圈子。”

2016年，波士顿红袜队在经历三个战绩不佳的赛季后，他们宣布放弃数据分析法，重新采纳棒球专业人士的判断，该球队的负责人约翰·亨利说：“也许我们过分依赖数据了……”

沃伦·巴菲特和其他投资者通过金融数据分析找到被低估的股票，从没有人觉得这有什么不对劲，然而实践点球成金技术的球队利用数据找到被低估的运动员的方法，却在圈里受到了排斥。这里的原因很简单，新技术动了部分人的奶酪。

西尔弗后来离开了《纽约时报》，2016年，西尔弗没能预测到唐纳德·特朗普的胜出，于是他那套能够预测选举结果的数据分析方法立马遭到质疑，而质疑他的正是《纽约时报》。该报的一个专栏作家写道：“政治属于人类生活的基本领域，因而它会超越理性不可预测。鉴于此，新闻实地报道的价值是无可比拟的。”

《纽约时报》似乎完全忘记了西尔弗给报社带来的无限风光，那些嫉妒的预测专家迫不及待地跳出来指责，问题是，当时又有哪个《纽约时报》的专家能料到特朗普的蹿红。

普林斯顿大学的经济学家奥利·阿什菲尔特用大数据技术预测了葡萄酒的口感和价格，葡萄酒专家们使劲排挤他，把奥利称为“一个彻头彻尾的骗子”，还说：“用尼安德特人的思维来看待葡萄酒……如果他邀请我去他家喝酒，我会感到恶心。”对此，奥利非常大度地说：“他们会被激怒，因为他们突然之间感到自己落伍了。”

雾霾下的罪恶

如果你要写一部侦探小说，或许会加进这样的情节：目击者在大雾中只隐隐约约看见凶手模糊的轮廓……很多侦探小说作家都是这么写的，灰暗朦胧的天气和犯罪似乎有着不可分割的关系。

在福尔摩斯系列小说中，有着大量天气的描写。比如在《铜山毛榉案》中柯南·道尔写道：“这是一个寒冷的初春早晨。我们吃过早餐后，两人相对坐在贝克街老房子里熊熊的炉火旁边。一阵浓雾滚滚而来，弥漫于成排的暗褐色的房子之间。对面的窗户在这深黄色的团团浓雾中，隐隐约约成为阴暗的、不成形状的一片模糊不清的东西。”

这些描写固然写出了当时雾都伦敦的真实景色，也烘托了小说悬疑的气氛。然而有一样东西你可能万万没想到，雾霾会催生真实的犯罪。

来自哥伦比亚大学的杰克逊·G.卢等研究者探究了空气污染对犯罪活动和不道德行为的影响，并揭示了其中一种作用机制——焦虑。焦虑是指人们在面对潜在的不良结果时产生的忧虑痛苦或生理唤醒的状态。以往的诸多研究发现，空气污染会让人们变得更加焦虑。例如，空气污染会加强人们对死亡的感知，因而增加焦虑。同时有证据表明，焦虑会增加暴力性的不道德行为（如破坏公物）和非暴力性的不道德行为（如诈骗钱财），其部分原因是不道德行为本身可以作为一种应对焦虑的不良策略。

杰克逊等人把他们的这项研究成果发表在美国《心理科学》杂志上。

研究者收集并分析了2001至2009年期间美国9360个城市空气污染和犯罪活动的数据，用以探究空气污染对犯罪活动的影响。其中空气污染数据涵盖了美国国家环保局监测的6种主要空气污染物：一氧化碳、二氧化氮、二氧化硫、总悬浮颗粒物、PM10和PM2.5。犯罪数据则涵盖了美国联邦调查局记录的7种犯罪记录：谋杀、强奸、抢劫、故意伤害、入室盗窃、扒窃和机动车盗窃。研究者分析发现，除了扒窃这一特殊犯罪类别外，空气污染均稳定地正向预测其他6种犯罪活动发生的频率。

研究者还设计了一系列实验来证明这个问题。比如他们让实验对象分别观看不同的照片（空气污染或空气干净的照片），并想象自己生活在其中，呼吸这些空气时的感受。然后，被试者需要根据3个“线索词”，找出与它们都存在关联的第4个词语（例如从“毯、眉、发”推理出“毛”），每答对一个奖赏0.5美元。同时研究者告知由于实验程序出了一点小差错，如果他们把鼠标移动到线索词下方的方框里，正确答案就会显示出来（当然这是故意设计的）。结果表明，相比于观看空气干净的照片的被试者，那些观看空气被污染的照片的被试者更倾向于把鼠标移到方框里作弊，即做出更多不道德行为。

在另一个实验中，被试者是一些美国大学生，他们同样被要求分别观看污染空气的照片和干净空气的照片，并想象自己生活在其中的城市。然后让被试者掷骰子，这些大学生们需要报告自己投掷的点数，以获得和点数相对应的奖金。一般来说，点数最后会接近平均值，也就是3.5。结果观看污染空气的大学生报告的平均点数为4.46，而观看干净空气的大学生则为3.60。

只是观看和想象自己生活环境的空气不同，测试者就会有如此大的不同，那真实生活在被污染的空气中，情况恐怕更糟糕。

在小说《布鲁斯·帕廷顿计划》中柯南·道尔这样写道："1895年11月的第三个星期，伦敦浓雾迷漫。我真怀疑在星期一到星期四期间，我们是否能从贝克街我们的窗口望到对面房屋的轮廓。"柯南·道尔可能没想到，英国工业革命的空气污染为犯罪提供了真实的环境条件。

经济学家发现氢弹秘密

经济学家阿尔钦是现代产权经济学的创始人，著有《生产、信息成本与经济组织》。1941年，他从军队退役回来，在加州大学洛杉矶分校教书，同时他还受雇于美国当时有名的智库——兰德公司，职位是经济顾问。阿尔钦主要负责成本核算、预测生产规模等工作。

美国于1954年3月1日起在太平洋的比基尼岛及埃内韦塔克两个环礁进行了一连串核试爆实验，这些实验又被称为城堡作战，共计有6次，其中以第一次代号为Bravo的实验最著名，因为美国对该次实验的威力估算错误，导致在附近海域作业的上百艘渔船及2万余居民遭受严重的辐射，比基尼岛被夷为平地并留下直径1.2英里的大洞。

兰德公司因为承接了很多军方项目，公司里的人知道这个核实验，兰德公司里都是出类拔萃的各行各业专家，于是大家都在讨论一个非常专业，并且属于最高军事机密的问题——氢弹的裂变燃料究竟是用什么做的？

当时的阿尔钦和他的同事们在讨论什么是裂变燃料，究竟是钍、铊、铍还是别的什么？于是他们去问了解这个项目机密的赫尔曼·卡恩，卡恩被吓到了说："这可不能告诉你。"阿尔钦满不在乎地回答："我会发现的。"

阿尔钦先来到兰德图书馆找到美国政府部门的商业年鉴，上面有各个公司的产品介绍，阿尔钦大约只花了10分钟翻阅了这些年鉴，找出了5家提供原材料的公司，然后他打电话给朋友迪恩·怀特，请他帮忙找出这些公司的股价。

拿到这些数据后，阿尔钦分析了这些公司在氢弹爆炸前一年到爆炸后半年内的股价和当时的道·琼斯工业平均指数，这些完全是公开信息。有一家公司瞬间跃入阿尔钦的眼中，这家公司的股价从1953年8月份的每股2至3美元一路上涨，到了12月份居然达到每股13美元，而在氢弹爆炸成功后，股价开始稳定，这家公司就是美国锂公司（Lithium Corp of America）。

事实上，当时的《华尔街日报》的报道也显示了美国锂公司不同寻常的财务状况，报道说，该公司1954年的净利润和1953年相比增幅为95%。

阿尔钦心想："这可相当有趣。"于是他就动笔写了篇名为《股市告诉我们》(《The Stock Market Speaks》）的文章，推断氢弹爆炸使用了锂裂变燃料。文章在兰德公司内部广为传阅，但公司很多人质疑阿尔钦的结论，说："你一个学经济的，元素周期表都背不全，怎么可能知道氢弹是什么做的？"

很快阿尔钦接到公司负责人打来的电话说："抱歉，我们要拿走这个（文章）。"

20世纪70年代，经济学家尤金·法玛提出了"有效市场"的概念，有效市场是指这样一种市场：在这个市场上，所有信息都会很快被市场参与者领悟并立刻反映到市场价格之中。这个理论假设参与市场的投资者有足够的理性，能够迅速对所有市场信息做出合理反应。尤金·法玛的这些理论使得他在2013年获得了诺贝尔经济学奖。

虽然美国军方对氢弹的秘密严防死守，但是市场的价格却真实地反映出了需求，也就是尤金·法玛提出的"资产的价格已经反映了关于资产内在价值的所有可得信息”，这使得阿尔钦能够轻易掌握这个重大机密。

事实上，阿尔钦猜测的没错，刚刚爆炸的氢弹采用了氘化锂作为燃料，而这枚氢弹的当量相当于投放在广岛原子弹“小男孩”的1000倍。这个事件也成为了20世纪50年代金融研究的经典案例。

惊人的巧合是怎么来的

美国韦斯利安大学心理学教授斯科特·普劳斯讲过一个故事，内容是关于一位名为乔治·布莱森的人一次不同寻常的商务旅行。当时布莱森先生坐火车在圣路易斯和纽约之间旅行，他在肯塔基的路易斯维尔停留了一段时间，这是个他从没有去过的城市。在火车站，布莱森先生询问了当地住宿的情况，并决定住在布朗酒店。之后他登记并入住，房间号是307。

布莱森先生忽然心血来潮，问服务员是否有他的信件，服务员将标有“乔治·布莱森先生，307房间”的信件递给了他，布莱森这才发现这间房间的上一位访客原来也叫乔治·布莱森。

这个偶然发生的事情概率有多大，百万分之一还是千万分之一？

这种偶然事件发生的概率可能和你想象的不同，因为这不是一个特定事件发生的概率，而是在某一时间内，某个城市的某家酒店的某个房间，连续入住的两个客人拥有相同名字的概率有多大，所以概率会比你想象得大得多。

为了了解这个问题，我们先来看下面这两个问题。

一年中有366个可能的生日（包括2月29日），因此在一个小组中，至少要367个人存在，才能确保百分百有两个人的生日相同的。但是如果要确保50%的可能性两个人的生日是相同的，至少需要多少人？

你估计是多少，183人？真实的数字远比你想象得少，一个小组中只要有23人，其中两个人的同一天生日概率就超过了50%。

下面我们再来看另一个问题：为了使团队中至少有一个成员的生日为特定的某一天（例如1月1日）的概率为50%，至少需要一个多少人组成的团队？

这回的答案是多少呢？它的数量远远超出第一个问题，是254人。

美国宾夕法尼亚州费城天普大学数学教授约翰·艾伦·保罗斯说："一些看起来不可能发生的事——想让一些不可能发生的事情不发生，是不太可能的。"

因重名导致的偶然事件其实是经常发生的，例如据《旧金山观察家报》1990年10月5日的报道，英特尔公司作为全球领先的计算机微处理器制造商，起诉了它的竞争对手AMD公司。英特尔公司发现，AMD公司计划将一种电脑芯片取名为AM386投放市场，该名称明显是仿英特尔386的。

有趣的是，在调查此事的过程中，英特尔公司发现：两家公司碰巧都雇用了同样名叫迈克·韦布的人。两位迈克·韦布都于同一天入住加利福尼亚的同一家酒店。当两人都离开酒店后，酒店收到了一个寄给迈克·韦布的包裹。包裹里是AM386芯片的机密资料，酒店错将包裹寄给了英特尔公司的迈克·韦布，他立即将那些资料转交给了英特尔公司的法务部。

还有一个故事同样发生在1990年，弗兰克·威廉·布马和他的妻子特露迪将他们结婚50周年纪念的相片寄往密歇根当地的一家报纸，几乎在同一时刻，这家报纸同时收到了另一个弗兰克·威廉·布马和他妻子内拉结婚55周年纪念的相片，令人感到惊奇的是，他们的结婚纪念日都在7月9日。于是这家报纸写了一篇报道，细数了两个弗兰克·威廉·布马的相同之处，比如他们都有一个叫做马西亚的姐姐。

其实在每个人的生活中，都会遇到一些看起来是不可思议的事情，这其实没啥奇怪的。比如有一年我们中学同学开同学会，可是当时的班主任怎么也联系不到。到了那一天，同学们在饭店里吃饭，忽然有人一回头，看到当年的班主任就在另一桌上吃饭。

英国统计学家大卫·汉德说，极其不可能的事件其实很平常。它们是一组更加基本的法则的结果，这些法则组合在一起，就会导致极其不可能的事情必然会发生。根据真正的大数法则，只要给定的机会足够多，任何奇怪的事情都有可能发生。比如，如果我们一直扔硬币，扔的时间够长的话，可以肯定地说，在某个时间，我们会连续扔出十个人头朝上的硬币。